# 新時代の
# キャリア教育と
# 職業指導

## 免許法改定に対応して

佐藤史人

伊藤一雄

佐々木英一

堀内達夫

編著

法律文化社

# ま え が き

　本書は2011年に『キャリア開発と職業指導』として出版したものを，加筆・改訂し，小学校から大学，専門学校，諸外国のキャリア開発の動向も含めて，近年の社会変化に対応できるように『新時代のキャリア教育と職業指導——免許法改定に対応して』として出版したものである。

　とりわけ，教育職員免許法等の教育関係法規も大きく改定され，2019年度から大学の教職課程は，再課程認定が行われ新しくなる。必修科目である「進路指導の理論及び方法」は中学校から高校教員までを通して「進路指導の理論及び方法（キャリア教育に関する基礎的な事項を含む）」と改訂され，キャリア教育が教員養成に必要な内容として明記された。

　本書はその変化にも対応できるようにし，執筆者もその道の専門家に新しく依頼した。前著は職業指導に焦点を当てたキャリア開発の書籍が少ないこともあってか，筆者等の予想していた以上に，大学の講義や高校の進路指導担当の先生方に活用され，貴重な意見や批判をいただいた。

　2015年頃より，新規学卒生の就職者の中心が高校から専門学校，大学等の卒業生に移行した。雇用労働をめぐる環境も変化し，非正規雇用労働者の増加，過労死などの問題が発生している。

　本書は第1章で，日本社会の変化と職業の大きな変革について述べ，AI化の進む近年の職業環境についても考察した。第2，3章では，キャリア開発の中核としての職業指導に焦点を当て理論的視点から論じた。第4章では，小学校から高校までの現場におけるキャリア開発・キャリア教育の実践について概説し，少数化している高卒就職者の職業指導にも紙数を割いた。さらに，今後増加が予測される大学卒や専門学校の就職予定者に対して，どのようにキャリア開発の指導，助言，援助等の支援を行うかについて解説した。さらに，この

i

種の書籍ではあまり触れられていない職場で生じる労働問題への対処についても説明を加えた。第5章では，欧米および東アジアのキャリア開発の状況について現地の訪問調査もふまえて記述した。

　執筆中に職業倫理を考えさせる事件が何件かあった。無資格者に車の検査を任していた事業所，材料試験の結果を改ざんしていた鉄鋼メーカーなどである。職業というものを，現実の社会の中で人はいかに生計の維持，個性の発揮，社会的役割分担の3要素のバランスをとって生きていくかという営みと捉えるなら，現在の日本社会は，職業の社会的役割について認識の希薄化が目立つ社会状況にあるといえるのではないか。それは労働者が職業についての矜持をもちにくい雇用環境の変化とも深く関わっている。本書がキャリア開発の中核である職業指導に関心のある多くの読者に活用していただき，ご批判をいただくことを期待している。

　本書を編集中に，編著者の一員であり重要な役割を果たしていただいた和歌山大学の佐藤史人教授が急逝された。あまりにも突然のことで呆然としている。この書籍は故人の共同研究者である仲間が先生の霊に捧げる書でもある。最後に出版に際して，お世話になった法律文化社編集部の小西英央，舟木和久，瀧本佳代の3氏に厚く御礼申し上げたい。


　　2018年8月　猛暑の京都にて

編 著 者 一 同

# 目　次

まえがき

## 第1章　日本社会の変化と職業 ——————————— 1

### Ⅰ　職業の語義と種類 ························· 1

1　職業の語義　1

2　職業の種類　4

### Ⅱ　産業構造の変化と職業 ····················· 6

1　第Ⅰ期：戦後の混乱から復興まで（1945年から1960年頃）　6

2　第Ⅱ期：高度成長の時代（1960年から1975年頃）　7

3　第Ⅲ期：安定成長（Japan As No.1）の時代（1975年から1990年頃）　8

4　第Ⅳ期：非正規雇用労働者の増加（1990年から2005年頃まで）　9

5　第Ⅴ期：IoTとAIの時代（2005年から2020年頃）　11

### Ⅲ　組織社会の職業の特徴 ····················· 13

1　労働集約型職業中心の時代　13

2　知識集約型職業中心の時代　15

3　組織社会の職業　17

## 第2章　キャリア開発と職業指導 ——————————— 23

### Ⅰ　キャリア開発と職業指導 ··················· 23

### Ⅱ　職業指導とは ··························· 28

### Ⅲ　職業指導の指導領域 ····················· 31

1　家庭での職業指導　31

2　学校での職業指導　32

3　職場での職業指導　36

iii

4 公共所職業安定所（ハローワーク）と
その他の公的機関での職業指導　37

5 その他の機関での職業指導　38

Ⅳ 職業指導における職業相談の役割 ………………………………………… 39

1 職業指導　39

2 職業相談（キャリアガイダンス＆カウンセリング）　39

3 進路相談（キャリアカウンセリング）　40

# 第3章　キャリア開発と職業適性 ───── 43

Ⅰ 職業適性とその分類 ……………………………………………………… 43

1 職業適性とは　43

2 特性因子理論　43

3 職業的（キャリア）発達理論　44

4 スーパーの職業適合性理論　45

5 今のキャリア教育の基盤となるスーパーの職業適合性理論　47

Ⅱ 職業適性に関する検査 …………………………………………………… 47

1 厚生労働省編一般職業適性検査　48

2 職業興味検査（レディネステスト）　51

Ⅲ 適性検査使用上の留意点 ………………………………………………… 54

# 第4章　学校におけるキャリア開発と支援 ───── 57

Ⅰ 学校から仕事の世界へのキャリア支援 ………………………………… 57

Ⅱ 小学校・中学校（義務教育）におけるキャリア開発と支援 ……… 60

1 義務教育学校におけるキャリア開発と支援　60

2 2017年改訂学習指導要領の趣旨・ポイント　61

3 小学校におけるキャリア開発と支援　62

4 中学校におけるキャリア開発と支援　64

5 今後の小中学校（義務教育）におけるキャリア開発と支援　66

目　次

Ⅲ　高等学校におけるキャリア開発と支援 ──────── 68

　　1　商業系学科におけるキャリア開発と支援　68

　　2　工業系学科におけるキャリア開発と支援　75

　　3　進路保障とキャリア支援　78

Ⅳ　専門学校におけるキャリア開発と支援 ──────── 82

　　1　専門学校教育の特徴とキャリア教育　82

　　2　専門学校におけるキャリア教育の実践　86

Ⅴ　大学におけるキャリア開発と支援 ───────── 91

　　1　大学におけるキャリア教育の始まり　91

　　2　大学におけるキャリア教育の事例　94

　　3　大学におけるキャリア教育の今後と課題　98

Ⅵ　大学卒業後のキャリア開発と支援 ───────── 98

　　1　新卒者，既卒者と第二新卒者　99

　　2　学卒後のキャリア開発と支援事例：A学部B学部のケース　103

　　3　学卒後のキャリア開発と支援における提案と課題　108

Ⅶ　雇用に関する権利と義務 ──────────── 108

　　1　採用内定をめぐる問題　109

　　2　賃金や労働条件に関わる問題　110

　　3　社会保障関係　111

# 第5章　世界のキャリア開発と支援 ─────── 117

Ⅰ　ヨーロッパのキャリア教育・支援 ───────── 117

　　1　ヨーロッパ社会の変化　117

　　2　キャリア教育とキャリアガイダンス・カウンセリング　120

　　3　キャリア教育　121

　　4　リスクの高い若者への取り組み　123

　　5　ヨーロッパのキャリア教育・支援の今後の課題　128

Ⅱ　アメリカ合衆国のキャリア開発と支援 ──────── 129

　　1　アメリカ教育の現状　129

v

2　職業への移行支援の現状　132

　　3　ケンタッキー州の事例　135

　　4　カリフォルニア州の事例　137

　　5　リスクの高い若者への支援　141

Ⅲ　中国のキャリア開発と支援 ················································ 142

　　1　キャリア教育の政策動向　143

　　2　中等職業学校におけるキャリア教育のカリキュラム改革　144

　　3　天津市の事例：天津市Ｄ工業学校　148


**巻末資料**　151

**索　　引**　169

# ■第1章

# 日本社会の変化と職業

## Ⅰ　職業の語義と種類

### 1　職業の語義

　職業という言葉はどのような意味をもった言葉なのだろうか。その用語から
も推察できるように「職業」は「職」と「業」という語が合成されたものである。
　まず，職という言葉であるが，これは官職の職であり，公職の職であり，職
務の職である。これは第1には，王や国家に属する役人として庶民を指導・監
督する公人としての務めを示している。第2には，職分の職を表し，共同体あ
るいは身分的な社会の一員として全体の成員のために果たさなければならない
役割を意味している。第3には，天職の職を示している。これは神の子として
の人間が神によって与えられた生来の才能を生かして身を捧げるという内容を
示している。したがって，「職」の本来の意味は個人が社会全体に対して，あ
るいは権威者に対して負わねばならない連帯的仕事の総称である。
　一方で「業」の意味はどうなのであろうか。「職」が官職，公職という意味を
もつのに対して，庶民の私的な仕事，つまり，生活のための仕事である民業，
稼業，生業の「業」である。つまり，生きるためには避けることのできない仕
事なのである。
　vocation, profession, callingなどは英語でも職の性格の強い言葉であるし，
trade, business, occupationなどは業の性格の強い言葉である。社会学者の尾
高邦雄は，つぎのように職業を定義している。

1

「職業とは，個性の発揮，連帯の実現及び生計の維持を目指す人間の継続的な行動様式である。ここに挙げられた三つの要件は相互に切り離しがたく関連する。この一つのみが，あるいはこれらが離れ離れに職業を規定するものではない。これらの間に一つの動的統一があり，かかる統一を成して職業を規定するのである。いま少し砕いて言えば上の規定はまた次のようになるであろう。
　職業とは社会生活を営む人々が
　イ，その天賦を発揮して　ロ，その役割を遂行し　ハ，これが報酬を持って生計を立てるところの継続的勤労である。」

　もう少し現代風に言い換えれば，人は誰でもその得意とする才能や適性があり，それを現実社会の中で生かすことにより，なにがしかの賃金を得て生活の糧としている活動が職業であるということになる。逆に言えば，いくら才能や適性があっても現実に生かす役割もなく報酬も得られない活動ならば，それは職業とはいえない。

　しかし現代のように複雑化した産業社会では，上記の３点のバランスがとれた職業に従事している人はなかなか実在しないように思える。多くの労働者は生活のためやむをえず働かねばならない側面もある。職的な面よりも業的な面が重視されているというより，そうせざるをえない現実がある。それでも賃金は多少低くてもよいから自分はこのような仕事に従事したいと考える人もまた多い。つまり，職的側面に焦点を当てて職業選択をする人がいるということである。したがって，時代や個人によりその現れ方に多少の違いはあっても，この３つの側面はどれが欠けても職業とは定義しがたいのである。職業というのはこの３要素のバランスの上に成立しているということができる。

　以上のように，職業という言葉は，職と業の合成語であることは理解いただけたと思うが，つぎに，職業はどのような社会的状況下で生まれたのだろうか。これも尾高邦雄はじめ多くの研究者によると，共同社会の中で，全体のために果たされなければならない社会的役割分担として，つまり，職的性格のきわめて強いものとして職業が生じたといわれている。

第1章　日本社会の変化と職業

　人間が未だ農業を発見せず狩猟生活をしていた時代にあっては，各人が日々の食料を手にいれるだけで精一杯の状況であった。それは自給自足の社会である。このような社会では，多くの危険や見通しの立たない危険な仕事の解決や，その種族や共同体のために避けられない問題が発生した場合には，その成員の中でもっとも困難を解決できる才能や技量をもった人にその役割が与えられた。「病気の治療」「旱魃の雨乞い」などの祈祷をしてくれる呪術師，「他の部族との戦いで勝利」をもたらしてくれる勇士，また，「田畑を効率的に耕せ，作業のはかどる農機具を製作」できる技術者などがそれに該当する。歴史的に見て，自給自足するより専門家に任すことがより効果的であるとき分業が成立し，それが日常，専門的になされるようになったとき職業は生まれる。

　以上述べたように，職業が初めて発生したのは，氏族共同社会であるといわれている。分業が成立して職業が生まれるためには，専門的な職業が共同体の他の成員では成すことのできない難しい職業を遂行できることが必要になる。併せて，その職業に従事する人たちの食料なども十分に確保できるだけの社会的な余裕ができることが条件になる。現在も残っている職業で歴史的に見てもっとも古いと捉えられているのは，死者を弔い，病気や種族の安全を祈る僧侶，呪術師，他の部族との戦いにおいて自分たちを勝利に導いてくれる指導力と技量をもった将軍，酋長，族長であるといえる。

　加えて，特殊な技能を有する職人や技術者もあげておかねばならない。このような職業に従事する者は，その能力がなくなったときは，その地位を他の人に渡さねばならなかった。つまり，世襲制ではなかったのである。世襲制が生まれるのは，古代から中世にかけてであるといわれている。

　この原初に生まれた職業は，現代社会においても基本的には機能する問題である。その社会において人々が生活のために欠かすことのできない仕事であり，仕事が簡単に他人に真似のできないものであれば，失業することはないといえる。諺に「芸は身を助ける」というのがあるが，初期の芸は職的性格のきわめて強いものとして存在したのである。

## 2　職業の種類

　職業の種類は日々変化している。日本社会においては約 3 万種類の職業が存在するといわれている。日本の職業分類の体系は，日本標準職業分類（総務省統計局）と労働省編職業分類（厚生労働省）の 2 種ある。2009（平成21）年に改定された日本標準職業分類では，以下のように分類されている。これは個人が従事している職業をその類似性の高いもの，つまり共通した項目に分類し配列したものである。(**巻末資料3**，**4**)

1．個人が従事する仕事の形態
2．その仕事を遂行するのに必要な知識，技能の程度
3．その仕事に必要な財貨や提供されるサービスの種類
4．その仕事に使用する材料や道具，機械器具，設備などの種類
5．その仕事に従事する場所
6．その仕事を行う組織の中で個人が果たす役割

　これに基づき，以下に示す12の大分類をあげ，それをさらに74の中分類，さらにそれを329の小分類に分けている。

A．管理的職業従事者　　　　　　B．専門的・技術的職業従事者
C．事務従事者　　　　　　　　　D．販売従事者
E．サービス職業従事者　　　　　F．保安職業従事者
G．農林漁業従事者　　　　　　　H．生産工程従事者
I．輸送・機械運転従事者　　　　J．建設・採掘従事者
K．運輸・清掃・包装等従事者　　L．分類不能の職業

　大分類はA, B, C, 中分類は二桁の数字，小分類は三桁の数字の一連番号がついている。しかし，この分類だけではすべての仕事を分類することはできない。実際に行われている仕事は，これよりさらに複雑である。たとえば高校教員という職業では，大分類ではBの専門的・技術的職業に属するが，中分類では19の教員，小分類では194の高校教員に分類されるが，これだけでは何を教

えている先生かわからないし，授業をもたず生徒指導やカウンセリングに従事している教員かどうかもしれない。

いずれにしても，約３万種類の職業を329に整理するのであるからやむをえない面もあるが，その職業の性格に共通性が高いことは確かである。この職業は時代とともに新しく生まれたり消えたりするので，統計処理も難しい。

職業を捉えるとき，混同されがちな用語として「産業」がある。産業というのは事業所などにおいて行われる経済活動を，生産物の種類，設備，技術，原材料，商品などに注目して区分し，それを体系的に区分したものである。一般には，営利活動以外に教育，宗教，公務，医療などの非営利的な活動も含めている。ただし，家庭内において家族が行う家事労働は含まれていない。この分類は職業の分類と同じように日本標準産業分類により，大分類が20種，中分類が99種，小分類が529項目，細分類が1455に分けられている。

大分類のみあげておくと，以下のようになる。

A．農業，林業　　　B．漁業　　　　　C．鉱業，砕石業，砂利採取業
D．建設業　　　　　E．製造業　　　　F．電気・ガス・熱供給・水道業
G．情報通信業　　　H．運輸業，郵便業　I．卸売業，小売業
J．金融業，保険業　　　　　　　　　　K．不動産業，物品賃貸業
L．学術研究，専門・技術サービス業　　M．宿泊業，飲食サービス業
N．生活関連サービス業，娯楽業　　　　O．教育，学習支援業
P．医療，福祉　　　　　　　　　　　　Q．複合サービス業
R．サービス業（他に分類されないもの）
S．公務（他に分類されるものを除く）　T．分類不能の産業

産業分類はその事業所の行っている事業活動を示しており，職業は個人の活動を現している。大分類でいえば，電気製品のメーカーで組立作業を担当している作業者は事業所の産業分類ではＦの製造業であるが，作業者の職業分類ではＨの生産工程作業者になる。

また，同一製品を製造しているメーカーであっても，そこで働く従業員の仕

事は異なる。製造業であっても技能工の数が多いとは限らない。ロボットなどの導入により技能工が皆無の製造業も存在する。

# Ⅱ 産業構造の変化と職業

わが国で初めて国勢調査が実施されたのは，1920（大正9）年である。この調査によれば，当時の日本人の従事している職業でもっとも多かったのは，農林漁業従事者および類似職業従事者である。全職業従事者の55%を占めている。ついで，技能工・生産工程従事者および単純労働者として分類されている職業が20%である。調査が実施された時点では，産業分類と職業分類があいまいなままで行われていたが，この両者が完全に統一した指標でなされるようになったのは，1950年代になってからである。

この調査が実施された時期においては，農林漁業を中心とした第一次産業に分類される職業に日本人の多くは従事していた。この傾向は第二次世界大戦後もしばらく続くが，1960年代中期から1980年代前期に至る「高度成長期」を境に大きく変貌する。一言でいえば，1920年代から1960年代前半期までの第一次産業の農林漁業を中心にした「手間と暇」のかかる労働集約型産業から，1960年代後半期から1980年代中期の第二次産業である工業を中心にした職業従事者が増加した時代を経て，1980年代後期から2018年の今日に至る「情報化・省力化・合理化」の進化した知識集約型産業へと変化する中で，第三次産業に属する仕事に従事する人が増加してきたのである。本節ではその特徴を把握するため，第二次世界大戦終了後の1945（昭和20）年から2018（平成30）年までを5期に分類し，日本社会の産業構造の変化と職業の関係について説明する。

## 1 第Ⅰ期：戦後の混乱から復興まで（1945年から1960年頃）

この時代は，1945年の第二次世界大戦終了時から「高度成長期」に突入する1960年代前期までの頃である。敗戦後の混乱の中で当時の約8千万人の国民は日々の生活に精一杯であり，衣食住のすべてに欠乏していた時代から，どうや

ら飢えることのない生活に至る頃である。今日の日本から見れば，想像することもできない貧しい暮らしを強いられた社会である。当時のエンゲル係数は，1950（昭和25）年で57.4%，1960年（昭和35）年で38.3%であった。2008（平成20）年の23.2%と比較してその高さが理解できる。厳しい就職難の時代であり，当時の中学卒業生の求人倍率は1950年（昭和25）年で0.81倍，高校卒業生の求人倍率は0.48倍と低かった。とにかく就職できるだけで満足しなければならなかった時代であり，「個性の発揮」など考えるゆとりもない時代だったのである。

　この時期の産業の中心は第一次産業であり，新規の学卒就職者は中学を卒業してすぐに就職しなければならない家庭・経済的な事情をかかえた人たちが圧倒的多数であった。学校を卒業して就職する少年・少女たちの多くは，農山漁村地域においては農林漁業者，都市部では工場の技能労働者としての道を歩んだ。

## 2　第Ⅱ期：高度成長の時代（1960年から1975年頃）

　1960年代に入ると，日本の産業は大きく工業化に向けて舵を切ることになる。1964（昭和39）年に開催された東京五輪は，同じ年に開通した東海道新幹線，車社会の到来を予測させる名神高速道路の開通とともに，日本が敗戦後の困難を克服したことを世界に示す象徴的な出来事であった。ついで，1970（昭和45）年に大阪の千里丘陵で開かれた万国博をはさんで，日本社会は大きく経済成長を遂げることになる。この1960年から1970年中期を第Ⅱ期として捉えることにする。この時期に日本社会は工業化の道を進むわけであるが，工業技術の水準から分類すれば，この第Ⅱ期は3段階に分けられる。

　第1の段階は1960年から1965年頃までであり，世界の工業技術の水準から見て比較的低いとされる鉄鋼，造船，石油化学等の「重厚長大型産業」といわれる工業分野での成長が著しい時期である。この時代の産業の急速な成長は目覚しく，労働者の賃金上昇率は年平均16%強にもなったが，その影の部分も見逃すことはできない。それは環境汚染を中心にした「公害」の問題である。水俣病はすでに知られていたが，四日市喘息，イタイイタイ病など世界的にも有名

になった環境汚染が進行したのはこの頃である。この時期に工場で働く若者の多くは，集団就職などで地方から大都市の工場地域に就職してきた中学校や高校の卒業生であった。

　第2の段階は，この「重厚長大型産業」が占めていた座が，より付加価値の高い自動車や家電製品に代表される「組立加工型産業」に変化する1965（昭和40）年から1970（昭和50）年頃にかけての時期である。「流れ作業」の言葉に代表されるように，大規模な大量生産システムが導入される。1967（昭和42）年の『国民生活白書』によると，自分の属する階層に関して5段階に分類した中で「中の中」と回答した人が全体の半数以上を占めるようになる。さらに1968（昭和48）年に始まるいざなぎ景気は57か月も続き国民の消費景気をあおった。新規学卒求人は1970（昭和45）年の場合，中学卒業生で5.76倍，高校卒業生の場合で7.06倍と，就職難の時代とは異なり「金の卵，銀の卵」として喧伝されるようになる。

　第3の段階は1970（昭和45）年から1975年（昭和50）年頃までである。1973（昭和48）年10月に始まった第四次中東戦争により産油国が相次いで石油値上げを発表し，供給制限をする中で世界は深刻なオイルショックを引き起こす。1974（昭和49）年の消費者物価は前年比26％と驚異的な上昇率を示すことになる。「狂乱物価」の中ではあったが日本の産業は「軽薄短小型産業」の言葉に代表されるように，ICやパソコンのような付加価値の高い省エネルギー型の産業に構造を変化させていく。生産工場は省力化・合理化が進み，ロボット導入により無人化された製造業もでてくる。高校進学率は同年で90％を超し，新規学卒就職者は高卒者が中心となる。

## 3　第Ⅲ期：安定成長（Japan As No.1）の時代（1975年から1990年頃）

　第Ⅲの時期は1975（昭和50）年から1990（平成元）年代初期のバブル崩壊までの時期である。石油ショックを克服した日本に学べと，アメリカ合衆国で『Japan As No.1』の書籍がベストセラーになったのは1979（昭和54）年である。1985（昭和60）年のドル高是正によるプラザ合意がなされ1ドル240円になる。この時

期，とくに1986（昭和61）年12月から1991（平成２）年までは高度成長期に次ぐ好景気の時代であり，バブル経済期といわれる。この時期は情報機器の普及の度合いにより，前半期と後半期に大別できる。前半期は電子技術と機械技術を組み合わせたメカトロニクスの成果であるロボットに代表される情報機器が，製造業に普及していった時期と重なる。ロボットは製造業の労働者の代替として採用されることになり，製造業の単純技能工が減少する。経済社会学者のダニエル・ベル（D. Bell）は，この時代を「脱工業化社会」と呼んだ。これは製造業が衰退するという意味でなく，その役割や生産高に変化はないものの，製造現場の仕事に直接に従事する人の数が減少し，情報機器の占める役割の増加を示唆したものである。その結果，相対的に省力化，合理化の難しい営業，販売，サービス関係の職務が増加してくる。さらに後半期になると情報化の波が製造業のみでなく，製造業以外の産業に及んでくる。大学の成績処理等の事務処理の世界にも情報機器が導入されてくる。非製造業への情報化の波は事務労働者を減少させ，パソコンの普及はそれまで技術系の人たちの道具と考えられていたコンピューターの概念を大きく変えた。

## 4　第Ⅳ期：非正規雇用労働者の増加（1990年から2005年頃まで）

　それまで順調に歩んできた日本経済であるが，1989年にベルリンの壁が崩壊した。それまで計画経済圏の国であるソビエト連邦や中国と対抗していた自由主義経済圏の国であるアメリカ合衆国，日本，西ヨーロッパ等との東西対立の壁が取り払われ，世界は新自由主義といわれる経済競争の時代に入る。とりわけ隣国の中国は安価な労働力を有効に活用し世界市場に参入してくる。それまで日本の独壇場であった工業製品の分野に安価な外国製品が押し寄せてくる。日本社会は「失われた10年」といわれる不況に突入する。1995（平成７）年，日経連は「新時代の日本的経営」（雇用形態の三極化）を発表する。これは被雇用者を長期雇用型，専門職型，雇用柔軟型に３分類して採用するとした内容である。管理職・総合職・製造部門の基幹職は従来どおりの終身雇用，企画・営業・研究開発などの専門職はその成果により賃金を支払うとした成果雇用，さ

資料1-1　労働者派遣法の推移

| 1985（昭和60）年 | 労働者派遣法の改定，通訳，秘書など特定業務のみが派遣可能となる。 |
|---|---|
| 1989（平成元）年 | 消費税スタート，バブル経済ピーク，ベルリンの壁崩壊 |
| 1995（平成7）年 | 日経連 ¦新時代の日本的経営¦ 雇用の三極化発表 |
| 1997（平成9）年 | 男女雇用機会均等法，労働基準法の改定，女性の深夜労働，時間外労働解禁 |
| 1998（平成10）年 | 労働基準法の再改定，有期雇用契約が1年から3年に延長 |
| 1999（平成11）年 | 労働者派遣法の再々改定，建設，警備，港湾，製造など特定業務に限り派遣禁止と改定 |
| 2004（平成14）年 | 労働者派遣法の再々改定，**製造業への派遣労働が解禁**，派遣期間が1年から3年 |
| 2015（平成27）年 | 労働者派遣法の再々改訂，派遣労働者の派遣期間が同一事業所で3年以上も可となる。 |

（筆者作成）

らに一般の技能職，販売職などは必要に応じて柔軟に雇用できる契約雇用が望ましいと発表した。1997（平成9）年，北海道拓殖銀行，山一證券が倒産する。多くの銀行がバブル景気の時代に貸した不良債権をかかえその処理に苦慮したのである。各事業所は人件費を削減するために新規採用社員の募集停止や従業員の早期退職，希望退職，人員整理などを行い，「リストラ」の言葉が一般的になる。2004（平成16）年，日経連の意を受けたのか，失業者を救済するという立場もあったのか，確定的なことはわからないが，労働者派遣法が大幅に改定され，製造業への派遣労働が解禁になる。この時期の一連の雇用関係の法規の改定を整理すると**資料1-1**のようになる。新規学卒就職者の派遣労働への従事者が増加するのがこの頃からである。正規雇用率は2007（平成19）年で男性の場合全体平均で約80％であるが，20歳から24歳の若者になると約60％である。15歳から19歳までに限定すれば30％強になり，約70％が非正規雇用の労働者である。この時期，卸小売り・サービス業等の第三次産業に従事者の割合が，全労働者の約70％となる。後半期になるとサービス業に従事する労働者の数が卸小売業に従事する労働者の数を超える。第三次産業からサービス業を切り離して第四次産業として分類する場合もある。

　職務を大別すると知識集約型，定形型，労働集約型に大別できる。第Ⅲ期に

は定形型職務が情報機器の導入により激減する。第IV期になると定形型職務に従事していた労働者が労働集約型職業に流れ込んでくる。長距離トラックの運転，警備員，清掃員やレストランのウエイター等，簡単に機械化できない職業は残るが，労働集約型職業も供給過剰となる。企業は高度成長期に長期雇用で採用した技能労働者，事務労働者の余剰人員を知識集約型職業に転換したいが，それには教育が必要である。一定の知識・技能が必要であり簡単にはできない。結果として若者の採用を減少させることになる。この時期の新規学卒者の求人倍率は2000（平成12）年3月卒の大学卒業者で0.99倍，2003（平成15）年の高校卒業者1.27倍と，その前後の10年間でもっとも低い。この時期に高卒就職者が減少するのは，新規学卒者の求人の減少により進路を先延ばしした結果でもある。

## 5　第V期：IoTとAIの時代（2005年から2020年頃）

　厳しい雇用調整や人件費の削減により，なんとか景気回復の兆しが見えた日本であったが2008（平成20）年，アメリカのリーマンブラザーズ社が倒産し世界を震撼させる。同社の債権を多量にかかえていた多くの銀行が債務不良になる。もっとも大きな影響を受けたのが北欧のアイスランドである，国家予算をはるかに上回る負債をかかえたこの国の状況は世界の各国に不安を与えた。加えてEU諸国の中でギリシャが自国の経済状況の芳しくない状態を粉飾していた事実は，EU通貨であるユーロに対する不安を掻き立てた。日本でも派遣社員の雇用打ち止めが続き雇用不安が増した。世界的な規模で見ると，雇用状況は悪いが雇用のミスマッチも見逃すことはできない。先進国といわれる日本やアメリカ，フランス，ドイツなどの西欧諸国ではコンピューターの普及により労働需要が激変している。コンピューターというのは，規則性が定まっている仕事はプログラミングすることにより業務を合理化できる。事務所でいえば，情報の整理，分類，計算，検索，保存などである。このため，会計事務などのオフィスの仕事は情報機器の導入により奪われた。工場の組立，加工などの単純技能職はロボットの導入により不要になる。

ハーバード大学のオーター（D. Autor）博士によれば，1960年を基準とすれば2003年までの間に増加した職種が，「新しいアイデアを出す，製品を開発する，問題を解決する，大人数の組織を管理する」などの抽象的な思考をする仕事で，30％増加している。一方で，定形型の職種である簡単な事務，文書の保存，工場作業は，1990年頃まではほぼ横ばいであるが，その後は約10％減少している。また，機械化しにくいトラック運転手，警備員，外食産業の従業員，清掃員のような労働集約型の仕事は約20％減少し，その後横ばいであるという。抽象思考の知識集約型職種は30％増加し，定形型職種と労働集約型職種を合計した職種は30％減少して職務の二極分化が生じている。前者の収入は相対的に高いし後者は低い。後者の中でも高齢者介護の業務などの労働集約型の業務は，アメリカや西欧では移民が従事している。

日本の場合，アメリカより約10年遅れてこの傾向が顕著になっている。とくに，人口知能（Artificial Intelligence, 以下，AIと略す）の発展は，人間の領域とされた知識集約型職業に参入しつつある。2013年に，米のマカフィー（A. McAfee）とブリニョルフソン（E. Brynjolfsson）が『機械との競争（Race Against the Machine）』でそのことを予言した。欧州のような資格社会では，専門的職業に従事する資格のない労働者が増加し，社会不安の原因ともなっている。

日本でも井上智洋らは，2015年段階で6400万人の労働者が2030年には735万人減少するだろうと推測している。そして，機械に奪われにくい仕事の領域は，「創造性（creativity）」，「経営・管理（management）」，「もてなし（hospitality）」だと述べている。新規学卒就職者の中心は，中卒者から高卒者を経て大卒者等（短大，専門学校等も含む）へと高学歴化したが，高学歴であってもその進路は三極化している。医師や弁護士などの高度専門的職業従事者，一般にテクニシャン（熟練技能技術者）のような専門的職業従事者，機械化が進みにくいと予想される労働集約型職業従事者である。定形型の仕事はほとんど機械化されている。また，専門的技術的職業の分野にもAIの影響によりなくなる職業が現れつつある。この問題をどう克服していくかが，今後の日本社会の重要な課題である。

第1章　日本社会の変化と職業

　以上，戦後の産業の変化と職業の関係について大観してきた。一言でいえ
ば，農林漁業などの第一次産業関係の仕事に従事する人が圧倒的多数であった
時代から，工業などの第二次産業の仕事に従事する人が多数を占める時代を経
て，販売・サービス・情報関連産業などの第三次産業関係の仕事に従事する人
が多数を占める時代へと変わってきたのである。

　この第三次産業関係の職種に従事する人が，「卸小売り」中心から第四次産
業ともいわれる「サービス業」中心に移行しつつある。そして，各種の情報機
器が定形型職業や労働集約型職業を駆逐し，知識集約型職業の領域に参入しつ
つある。現代の日本社会では，抽象思考の知識集約型職業に従事する人と，労
働集約型職業とに二極分化している。前者の仕事は正規雇用が主で相対的に賃
金も高いが，後者は契約雇用が多く賃金は低い。しかし，この抽象思考と見ら
れる仕事も相当数がAIに置き換えられるだろう。新たな社会問題の発生が予
測される。

## Ⅲ　組織社会の職業の特徴

　今まで日本社会の産業構造の変化と職業の関係について述べてきたが，本節
では現在の日本社会の特徴について組織という視点から考察する。前節では日
本の産業構造を5期に分けてその特徴について述べてきたが，本節ではそれを
さらに大別し，前半期の「労働集約型職業が中心の時代」と移行期も含めた後
半期の「知識集約型職業が中心の時代」に分け，その特徴を捉えてみる。

### 1　労働集約型職業中心の時代

　この時期の中心的な職業は労働集約型の職務である。農林漁業といった自然
相手の仕事に圧倒的多数の人々が従事していた時代である。当時の日本人の多
くは，朝は鶏の鳴き声で起床し，昼間は野良仕事に汗を流し，夕方には自宅に
帰るといった生活様式であった。仕事は肉体を酷使するものであり，田植え，
稲刈り，雑草取り等どれをとってみても，現在の機械化，自動化された生活に

13

慣れた私たちにとっては，一日でもそうした仕事に従事するだけで大変さが実感できる。最近でこそ腰の曲がった老人の姿を見ることも少なくなったが，朝から晩までの仕事に加えて，夜なべで「わらじ作り」をするなどの労働が肉体の扁形という結果を招いたのである。仕事をするということは，体を使うということであり，仕事を休むということは「骨休め」の言葉が残っているように，まさに骨を休める，つまり「体を癒す」ことであった。その仕事の内容はトフラー（A. Toffler）の書『第三の波（*The Third Wave*）』に書かれているように，人類が狩猟生活を中心としていた生活を離れて，定着して食物を育てることのできる農業を発見した約1万年前から，産業革命が起きる約300年前まで続いていた生活である。日本社会においては，多くの人が1960年頃まで営んでいた生活だといえる。

　この時代の職業は厳しい自然相手に肉体を酷使する仕事ではあったが，困難を克服したときの喜びも大きかった。日本の地域に残る秋祭りの多くは，1年の収穫を神に感謝する祝い事であった。作物を作り育てる喜びが率直に人々に与えられたのである。骨身を惜しまず働くことが秋の収穫をもたらすのであり，怠ければ収穫は減るのである。収穫の減少はただちに日々の生活に跳ね返ってくる。まさに文字通り「勤勉は善なり」が実証される生活であった。肉体労働を中心とする仕事は，当然のことであるが，定められた期間内に肉体を酷使する仕事を多くこなすことのできる労働者の評価が高くなる。このような時代においては，女性よりも筋肉力の必要な労働のできる男性労働者の価値が高くなるのは当然のことであった。また，厳しい労働の下で平均寿命も短かった。1950（昭和25）年で平均寿命61歳であり，2010（平成22）年の80歳と比較すると20年の開きがある。このような社会で生存した数少ない高齢者は，地域の農林漁業の後継者にとって必要な知識の伝達者でもあった。労働は厳しいが自然相手の仕事であり，現代社会に見られる「心の病」という精神的な面での問題は少なかった。病気といえば肉体の疲労によるものが多く，なかでも結核は「死の病」として恐れられた。

## 2 知識集約型職業中心の時代

　時代が労働集約型職業中心から知識集約型職業中心への移行期になると，第一次産業の代表である農林漁業に従事する労働者の数は減少していく。それは，米作を中心とした農業の労働集約型職務の生産性が低かったためでもある。加えて工業化の進展は，戦後のベビーブームで誕生した多くの農林漁業地域の若者を都市の工業地域へと吸収した。

　「団塊の世代」という用語は元通産省の役人であり作家の堺屋太一の造語である。第二次世界大戦終了後の1946（昭和21）年から1948（昭和23）年に生まれた世代は，他の世代が100万から130万人程度であるのに比較し，その人口は1.5から2.0倍近くあり，突出した団塊状になっていることから名付けられた。その数の多さから日本人の消費生活，学校教育などにさまざまな影響を与えた。この世代が中学や高校を卒業し就職する時期と日本社会の工業化とは重なる。工業高校が増設され，工業高専が発足し，大学の工学部の新増設もこの時期に多くなる。この工業化の波は，初期の重化学工業中心から組立加工型工業を経て，知識集約型の先端工業へと移行していく。

　さらに，知識集約型職業が中心の時代になると，日本人の従事する職業の多くは組織労働者になる。つまり給与生活者が増加する。農業のような家族経営の仕事と異なり，工業化の進展に伴う大規模事業所の出現は，抽象思考の職務に従事する組織労働者を大量に生み出すことになる。そこでの労働は，事業所の組織の一員としての役割を分担する内容が圧倒的となる。言い換えれば，企業社会の歯車のひとつとしての仕事に従事することになる。そこで，組織と人間という現代社会のもつ問題が職業の世界に生じてくる。

　組織とは，「人々が目的を達するために，もっとも効果的に協力しうるように，その組織を構成する人々の役割が文書で明確にされており，責任と権限が明示されている人々の集合体である。」と定義できる。この場合，企業という組織体の本来的な目的と，現実の組織体に要請される役割とは必ずしも一致しない。この現象は工業化の初期の段階ではそれほど顕著ではなく，労働に従事する人々の裁量や熟練による部分もかなり残っていた。自分の携わっている仕

事は自分にしかできない，というような自負心をもてる仕事も多かった。たとえば造船業などで溶接工として従事する場合など，「この船は自分たちの造った船だ」と実感できる仕事であった。

　しかし，工業化が進み知識集約型職業が多数を占めるようになると，仕事は二極分化していく。一方は研究，開発などの高度の知識技術が必要な職種であり，他方は単純業務ではあるがロボットなどの情報機器では行えない職種である。中間のかつては技能労働者が占めていた多くの定形型の職種は，機械化，自動化されて人手は不要となる。減少した職種から増加した職種への異動は簡単には進まない。国際競争が激しくなる中で人件費を減らすため，国内企業は定形型の仕事を賃金の安い海外企業に委託するか，機械化・自動化を徹底する。前節でも記したが，知識集約型職業は1960年以後2000年代初期までに30%も増加しているが，定形型と労働集約型の職業を合計すると平均して30%の職業が減少している。

　例として，製造業における技術者の場合について考察する。技術者といったとき技術の概念にはさまざまな論があり，そのため技術の定義も多様化しているが，本書ではいわゆる販売技術，営業技術のような社会的技術はその範疇に含まず，生産段階における労働の体系を技術として捉える。

　したがってより具体的には，生産現場で「研究・開発，設計・製図，試作，検査，据付・調整，保守点検」に至るプロセスの中で技術的業務に従事する人々を，技術者として扱うことにする。技術者としての業務内容をその生産手段の工程別に並べると，次のようになる。

　　1．研究・開発技術者　　2．設計・製図技術者　　3．生産技術者
　　4．製造技術者　　　　　5．検査技術者　　　　　6．据付・調整技術者
　　7．保守・点検技術者　　8．各種ソフト技術者

このうち1から5までは製造段階の技術者である。つまり，研究所や工場で働いている技術者である。それに対し，6と7は製品を使用する場所で主にアフターサービスに従事する技術者である。8は情報関連機器の進展により新た

に生まれた職業であり，内容により自宅でも可能な仕事である。この中で，工業化の初期において製造業でもっとも数の多かったのは，4の製造技術者である。これは現場で直接製造に従事する，技能工と呼ばれている職種である。この分野は，養成工から熟練工，単能工から多能工と工場においてはもっとも人数が多く，工場で製品の組み立てや加工をするブルーカラーといわれる労働者である。ところが，工業化の進展と技術の変化は，ロボットなどの導入によりこの部門の労働者を減少させた。また業務内容も，ロボット操作などのオペレータ的なものに変わっていく。このような作業はマニュアルに定められたとおりのものであり，特定の技能を除き，かつての熟練工のもっていたプライドをとりあげてしまった。代わりに工業製品が高度化するにつれて，できた製品をユーザーが利用できるようにするため，アフターサービス，据付，調整などの省力化・合理化しにくい営業やサービス関係の仕事に携わる人が増加していくのである。

## 3　組織社会の職業

知識集約型職業中心の時代は，製造業のみでなく，卸小売り，サービス業の分野でも機械化・情報化・合理化が進むため，販売やサービス関係の職業も減少する。

定形型職業が情報機器にとって代わると，その業務に従事していた労働者は，増加する知識集約型職業にすぐには移れない。多くは労働集約型職業に異動せざるをえない。ところが，この労働集約型職業の多くを占めていた販売，サービス関係の職務も機械化され，減少している。少ない職種に多くの失業者が殺到し，相対的に知識集約型職業との賃金格差は拡大する。海外の先進国といわれる国々では，定形型職業に従事していた労働者が労働集約型職業に低賃金で参入してくる。そのため，元の労働者との紛争が起きる。欧州などの移民労働者の排斥運動にもこの職業の問題が大きなウエイトを占めている。

一言でいえば，戦後の75年ほどの間に日本社会の職業は「自然を対象とする仕事」から「自然以外の物質を対象とする仕事」に変わり，さらに「人間を対象

とする仕事」が圧倒的に増加してきたと捉えられる。「人間を対象とする仕事」は，「自然を対象とする仕事」や「自然以外の物質を対象とする仕事」と比較して，対象が無生物でないだけに精神的なストレスは大きくなる。何千人，何万人という大規模な集団に属し，「人間を対象とした仕事」に従事している人が多数を占めているのが現代社会である。集団が大きくなればなるほど，官僚制（Bureaucracy）といわれる組織社会のもつ問題も拡大する。組織社会の原則は，次のとおりである。

① 組織の命令系統が統一されている。上司の命令に部下は背くことができない。

② 各部門の組織の担当者の職務の専門化が厳密になされていて，業務に対する責任が明確である。

③ 職務の命令は主として文書でなされ，職務遂行に私情は挟めず，没主観性が要請される。組織の地位，階層構造は，ピラミッドになっており，ごく一部の上層にあるものだけが，組織の運営や実行に責任をもつ寡頭支配の構造になる。

このような構造をもつ現代社会は，その集団の目的を達するために評価のシステムを取り入れる。組織を構成する個人が自分の属する集団にどれだけ貢献したかという査定，つまり勤務評定である。

例として学校を考えてみよう。学校という集団の目標は多様化しているが，一般にその目標は抽象的なものが多い。ある高校には「文武両道」という目標が掲げてあるかもしれない。しかし，これは抽象的な表現である。学校としての集団目標は「文武両道」として掲げられてあっても，これが個々の教員の組織人としての目標，つまり組織目標になると，可視性のある計測可能な具体的目標にすりかわる。たとえば，「文」は銘柄大学への合格率の高さで示されるかもしれない。「武」は体育系クラブの全国大会の出場回数で評価されるかもしれない。こうなると，黙々と見えないところで学習の遅れた生徒を指導するよりも，進学率や全国大会の出場回数を高めることのほうが，目に見える実績をあげることになる。つまり，集団目標と組織目標の乖離が生じるのである。

そして，組織目標にどれだけ近づく努力をしたかが評価の対象となる。

　企業においても，「わが社は地域社会と住民の福祉に貢献し……」などの集団目標が掲げられていても，組織目標になると個々人の売上高で評価するといった，測定可能で可視性のあるもので評価される。現代社会のように大規模な組織が増加すればするほど，組織目標の達成を求める組織の要求は，その個人の意図する目的との乖離を生むことになる。これは，すべての組織に対していえることである。人を救うつもりで入った宗教団体が新規加入させた信者の数で個人の信仰心を評価するとか，社会改革の目的で入った政党が機関紙の拡大部数のみで組織に対する貢献度を計るとするならば，それは組織社会の病理である。「近代化」された大規模組織において出社拒否症などの精神的な問題をもつ人々の増加は，組織社会のもつ矛盾の現れである。

　さらに組織の大規模化に加えて，現代社会の職業のもつもうひとつの性格を無視することはできない。先に述べたように，労働集約型職業中心の時代の労働は肉体労働が主であった。人々は一日の仕事が終わるとぐったりと疲れ，家庭はその疲労を回復する休息場所であった。職場を「肉体的・精神的エネルギー消費の場」として捉えるならば，家庭は「肉体的・精神的エネルギー補給の場」であった。文字通り家庭は心身ともに休息する場であった。

　しかし，知識集約型職業中心の時代になると，人々の職業は肉体的エネルギーの消費よりも精神的エネルギーの消費の割合が増加する。終日パソコンを相手にする仕事，多くの人々と対面し交渉をまとめる仕事などは，肉体的エネルギーよりも精神的エネルギーを消費する「気を遣う」仕事である。かつての社会のように，家庭は休息，職場は生産といった生活様式ではその疲労感は消えない。むしろ仕事の終了後にスポーツをするとか，各自の趣味に没頭するなどの活動に積極的に参加することにより，精神的および肉体的エネルギーのバランスがとれることになる。ロジェ・カイヨワ（R. Caillois）のいうレジャー，すなわち「余暇」が生命の循環サイクルとして必要な時代になっているのである。第1の生活としての「家庭生活」，第2の生活としての「職場生活」，第3の生活としての「余暇生活」が，現代人の生活を考えるとき避けることのでき

ない問題である。家庭では「模範的な夫や妻」，職場では「有能な社員」が突然「鬱」の状態になり入退院を繰り返す，といった事態に直面した人が読者の身近にいないだろうか。家庭と職場という二極構造のライフサイクルではバランスのとれない労働環境の中にいるのが現代人である。家庭と職場に加えて，「第三の生活」を生活の循環サイクルに組み入れることを，経営者，労働者ともに考える必要がある。人間は労働を通じて肉体的・精神的エネルギーを消費するのであるが，現代の日本社会は神経を遣う仕事，つまり精神的エネルギーを消費する仕事が増えている。これは，産業構造が変化すれば避けることのできない現象である。第1の生活，第2の生活，第3の生活をどのようにバランスをとるかが，現代の日本社会においては「働き方」の問題が円滑な職業生活と深く結びついているのである。

**【参考文献】**

尾高邦雄『職業社会学』岩波書店，1941年

日本職業指導協会『日本職業指導発達史』財団法人日本職業指導協会，1972年

竹内義彰・伊藤一雄ほか『職業と人間形成』法律文化社，1977年

Borrow, H., *Career Guidance for A New Age*, 1973（仙崎武監修『新時代のキャリアガイダンス』実務教育出版，1978年）

Toffler, A., *The Third Wave*, 1980（徳岡孝夫監訳『第三の波』中央公論社，1982年）

日本進路指導学会編『現代進路指導講座』（全4巻）福村書店，1982年

藤本喜八ほか編『進路指導の基礎知識』福村出版，1982年

原正敏『現代企業社会と生涯学習』大月書店，1988年

仙崎武著『進路指導の研究』（全4巻）文教大学，1996年

財団法人日本進路指導協会編『日本における進路指導の成立と展開』1998年

玄田有史・曲沼美恵『ニート――フリーターでもなく失業者でもなく』幻冬社，2004年

橘木俊詔『脱フリーター社会――大人たちにできること』東洋経済新報社，2004年

山田昌弘『希望格差社会』筑摩書房，2004年

鹿嶋敬『雇用破壊――非正社員という生き方』岩波書店，2005年

Hoyt, K.B., *Career Education: History and Future*, 2005（仙崎武ほか訳『キャリア教育――歴史と未来』雇用問題研究会，2005年）

平沼高編著『もうひとつのキャリア形成――日本と世界の職業教育』職業訓練教材研究会，2008年

斉藤武雄・佐々木英一ほか『ノンキャリア教育としての職業指導』学文社，2009年

仙崎武ほか編『図説　キャリア教育』雇用問題研究会，2010年

第1章　日本社会の変化と職業

仙崎武ほか編著『キャリア教育の系譜と展開』雇用問題研究会，2010年
小林雅一『AIの衝撃——人工知能は人類の敵か』講談社，2015年
井上智洋『人工知能と経済の未来——2030年雇用大崩壊』文藝春秋，2016年
野村直之『人工知能が変える仕事の未来』日本経済新聞出版社，2016年

■第2章

# キャリア開発と職業指導

## [I] キャリア開発と職業指導

　キャリア開発（Career Development）とはどのような内容をもった用語なの
か，その定義を明らかにしたい。そこでまずキャリアの意味である。広辞苑に
よれば，キャリアとは1点目として経歴，生涯，身を立てる道，職業，出世，
2点目として経歴，前進と記されている。日本キャリア教育学会（旧進路指導学
会）では，「一人の人間が生涯にわたって踏み行き形成する職業経歴の全体
(1989)」と定義している。またD. E. SuperはCareerをLife Work Rainbowと
して示し，「仕事を含むさまざまな役割の統合」と説明している。

　いずれにしても，キャリアとは人間の職業生活のあり方と密接に関わってい
る。本書では，「各個人の身を立てる道としての職業を探索・選択・獲得し，
職務能力を磨き上げる行為」をキャリア開発として定義した。そして，この
キャリア開発の中核となる活動が，職業指導（Vocational Guidance）であるとい
う立場に立っている。そこで職業指導とはどのような内容をもつ行為なのであ
ろうかを明らかにする。職業については前章で述べたように，幅広い領域と内
容をもつ人間の営みである。歴史的には，人間の社会生活の多くの部分を占め
ている。したがって，職業指導とは文字通り職業と人間との関わりの指導とい
える。学校教育の場では類似の概念として進路指導（Career Guidance）やキャリ
ア教育（Career Education）が使用されている。これらの違いも含めて整理した
い。そこで，職業指導を論ずる前段として職業教育の定義を明確にしたい。

　職業については日本標準職業分類の大分類では12，小分類では329ある。国

23

際標準職業分類（ISCO）では小分類では436ある。この小分類をさらに分類すれば約3万になるといわれているが，その数も概数であり時代とともに変化する。この職業に従事するのに必要な知識・技能を獲得するために必要な教育・訓練のことを，職業教育として定義できるが，問題は職業教育の区分をどのように定義するかである。広義に解すれば，義務教育のようなすべての国民に課せられた共通教育も，職業教育であるといえる。本文では，義務教育や高等学校ですべての高校生に共通履修させる教育内容は，共通教育として職業教育から除いた。そして，特定の職業に従事するのに必要な教育・訓練を「狭義の職業教育」，高等学校の職業を中心とする学科で実施されているような，特定の分野への職業選択がある程度の幅をもって可能な職業群に対応した教育を「広義の職業教育」として定義した。これを整理すると，下記のようになる。

　　国民に共通の教育（共通教育）
　　→特定の職業群に対応した専門教育（広義の職業教育）
　　→特定の職業に対応した専門教育（狭義の職業教育）

　この「狭義の職業教育」と「広義の職業教育」の線上に，その特殊化，専門化した職業教育のさまざまな段階があると捉えられる。高等学校で履修する教科・科目でいえば，普通高校や専門高校（1995年3月に，当時の文部省の「職業教育に関する調査員会議」が職業高校を専門高校と改称することを提起して以来，この呼称が用いられている）で教授される普通教科・科目の授業は「共通教育」として捉えることができ，専門高校での専門教科・科目は特定の職業群に対応した内容を教授しており，「広義の職業教育」として分類できる。さらに，各種の職業訓練施設や，専門学校などの一部で行われている特定の職業に対応できることを目的として行われている教育は，「狭義の職業教育」として定義できる。

　具体例をあげれば，企業内の職業訓練施設で溶接や機械加工，専門学校での美理容師など特定の職業に必要な知識・技能を修得するのに必要な教育は，「狭義の職業教育」である。この「共通教育」から「狭義の職業教育」までは不連続なものでなく連続していることを理解してほしい。「共通教育」を基盤と

して「広義の職業教育」があり，さらに，その上に「狭義の職業教育」という構造になっている。専門高校の商業関連学科で学習する普通教科としての「英語」と商業科の専門科目として学習する「商業英語」，さらに「商業簿記」などは，あとになるほど「狭義の職業教育」に近づくことになる。

　単純化すれば，専門高校などで教授される職業教育の多くは「広義の職業教育」であり，職業訓練施設や一部の専門学校で教授される職業教育は「狭義の職業教育」として分類できる。繰り返すが，これらは独立しているのでなく連続している点に注目してほしい。このことを強調するのは，「共通教育」（一般教育とか普通教育の語が使用されることもあるが普通の意味が明確でないので使用しない）と「職業教育」を一段低い位置において捉える人がいまだにいるからである。近代社会は個人の出自に関係なく，その個人のもつ「能力や適性」に応じて社会的役割が分担できる社会である。すべての市民がその社会の成員として必要な教養を獲得し，それを基盤として職業教育を受け何らかの職業に従事する。すなわち，社会的役割を果たすという基盤を受け持つ「共通教育」が普通教育である。「共通教育」の基礎の上に「広義の職業教育」，さらにその上に「狭義の職業教育」が成立するのである。

　この点は海外の職業教育を捉える場合，留意する必要がある。欧州諸国では，「広義の職業教育」を「職業準備教育」，「狭義の職業教育」を「職業教育」と捉えるのが基本である。

　つぎに，職業教育と混同されがちである各種の用語との違いを明確にしておく。最初に，職業教育と混同されがちである産業教育との違いを述べる。この用語は，1951（昭和26）年6月に制定された産業教育振興法第2条で使用された。その後一部変更があったが，この条文では「産業教育とは中学校（中等教育学校の前期課程，及び特別支援学校の中等部を含む。以下同じ），高等学校（中等教育学校の後期課程，及び特別支援学校の中等部を含む。以下同じ），大学又は高等専門学校の生徒又は学生に対して農業，工業，水産，その他の産業に従事するために必要な知識，技能及び態度を習得させる目的を持って行う教育（家庭科教育を含む）をいう。」と記されている。

したがって産業教育という用語は，学校教育それも中学校以上で実施している職業に関係している教育に対する総称である。この場合の学校教育は，1条校といわれる学校教育法第1条に示された学校を指している。ここでは，「この法律で学校とは幼稚園，小学校，中学校，義務教育学校，高等学校，中等教育学校，特別支援学校，大学及び高等専門学校とする。」と記されている。ここで問題になるのは専修学校であるが，これは同法第124条で，「第1条に掲げるもの以外の教育施設で，職業若しくは実際生活に必要な能力を育成し，又は教養の向上を図ることを目的として次の各号に該当する組織的な教育を行うもの（当該教育を行うにつき他の法律に特別の規定のあるもの及び我が国に居住する外国人を専ら対象とするものを除く）は専修学校とする。」となっているため，職業に関係する教育を分担していても産業教育とはいわないのである。産業教育という用語は法律に基づく行政用語として使用されている。一般的には学校以外の職業教育についても「産業教育」の文言が使用されている場合もあるが，本書では学校教育法で限定された範囲で使用する。

　つぎに「実業教育」であるが，これは1899年（明治32）年に制定された実業学校令により定められた法律用語である。これによれば，工業学校，農業学校，商業学校，実業補習学校を実業学校としている。ここでは蚕糸学校，山林学校，獣医学校および水産学校は農業学校に含まれており，徒弟学校は工業学校に含まれている。戦後の学制改革により，この用語は産業教育に変わったが，産業教育には家庭科教育が含まれているのに対して，実業学校には含まれていない。戦前の実業学校はすべて男子を対象にしており，家庭科教育に分類されるものは女学校でのみ教授されていた。この実業教育は，国家の中枢となるべき人材養成の機関である旧制の中学校，高等学校，それに続く帝国大学の教育とは区別されていた。実業教育では現在の「共通教育」に相当する内容は軽視されており，実務に焦点を当てた内容であった。その立場からすれば，「実務教育」としたほうがよいかもしれない。旧制の中学校のカリキュラムと比較すると，実業学校のカリキュラムは学校により大きく異なり，それぞれ特色をもっていた。ほとんど実習や製図ばかりの工業学校もあれば，珠算や簿記のみ

の教授に焦点を当てた商業学校などが存在した。

　以上を整理すると，つぎのようになる。「産業教育」は学校教育法第1条に規定された職業に関わる教育で，家庭科教育が含まれる。これに対して実業教育は，戦前の一般的な「普通教育」に対比して職業実務に焦点を当てた教育であり，もっぱら男子を対象とし，家庭科教育は含まれていない。

　これに対し，職業教育はすべての国民を対象にした「共通教育」の基盤の上に「広義の職業教育」があり，さらにその上に「狭義の職業教育」が位置付けされ，連続している。

　本書では，「狭義の職業教育」と「広義の職業教育」とを総称して職業教育として規定する。したがって，工業教育や商業教育等は「広義の職業教育」の一領域として捉えるのである。工業教育というのは「広義の職業教育」の一領域であり，さらにそれが専門化，特殊化することにより，電気工事士とか自動車整備士といった特定の職業と結びついた教育や訓練が「狭義の職業教育」の領域になる。これを整理すると，以下のようになる。

① 狭義の職業教育

　特定の職務と直接結びついた教育であり，事業所での養成訓練や職業訓練機関での具体的職業に対する実践能力を身に付ける教育である。

② 広義の職業教育

　一般的な「共通教育」よりさらに一歩，工業とか農業，商業などの一定の職業群に結びついた教育で，専門高校の職業関連学科で学習する専門科目などがこれに相当する。特定の限定された職業でなく，一定の職業群に対応した教育である。

③ 共通教育

　国民として共通に必要な知識・技能を習得させる教育である。義務教育や高校で共通に学習させる普通教科・科目や大学での共通履修科目などが相当する。

# Ⅱ　職業指導とは

　職業教育については，前節で明らかにした。それでは職業指導（Vocational Guidance）とは，どのような意味，内容をもった用語なのであろうか。学校現場で使用される類似の概念として，進路指導（Career Guidance）がある。最近では，キャリア教育（Career Education）もよく使用されている。これらの違いも明らかにしながら職業指導について説明する。職業指導は文字通り人と職業との関わりの指導といえる。ただ，これではあまりに漠然としている。職業教育は各人の営む職業との関係の深さに対応しているが，職業指導は人と職業をつなぐ仕事である。まず，歴史的な視点から代表的職業指導の定義を3点あげる。

① 　パーソンズ（F. Persons）の定義

　職業指導研究の先駆者である彼は，職業を選択する場合には3点の要素が必要でありそれを可能にするのが職業指導であるとしている。

　　1）　各個人が自分の適性，能力，興味，才能，限界およびそれらの起因を明確にできる。

　　2）　さまざまな職業で成功するために必要な資格や条件，利益と不利益，報酬および職業上のチャンス，将来の見通しに関する知識がある。

　　3）　これらの関係について正しく判断できる。

　この考え方は，職業を選択するのに現在でも有効な示唆を含んでいる。

② 　全米職業指導協会（National Vocational Guidance Association）の定義（1937年）

　職業指導とは，1つの職業を選択し，その準備をし，その中に入り，その中で進歩するように個人を助言する過程である。

③ 　国際労働機関（ILO）の定義

　職業指導とは，個人が自己の特質と，それらと職業上の機会との関係を適切に考慮して，職業の選択および向上に関する問題を解決するために個々人に与えられる援助をいう。

④　スーパー（D. E. Super）の定義（1951年）

　職業指導とは個人が自分自身と働く世界における自分の役割について統合されたかつ妥当な映像を発展させ受け入れること，この機会を現実に照らして検討し，それが自分自身および社会にとっても有益であるように，自己概念を現実に転化することを援助する過程である。


　スーパーのいう自己概念（Self Concept）とは，自分自身に対する認識や評価の中で一時的でなく一定期間持続しているようなものを指している。これには身体的特性，社会的役割，能力，性格など，さまざまな側面について捉えることができる。この自己概念を把握することにより，その人の知覚や行動を理解できる。そのプロセスに関わり援助することが職業指導になると彼はいう。学校の生徒指導の場において「自己理解」の用語がよく使用されるが，これは個人のあり方，生き方，つまり「価値ある生き方」をするためには，まずその個人の特性をつかむことが必要であるという立場に立っている。この点では自己概念と重なるが，自己理解は成長発達段階にある生徒に対して使用される概念として捉えることにする。したがって，自己概念は自己理解を包括するものである。

　日本社会における職業指導の定義について，1947（昭和22）年に交付された職業安定法第5条④に，「この法律で職業指導とは，職業に就こうというものに対し，その者に適当な職業の選択を容易にさせ，及びその職業に対する適応性を大ならしめるために必要な実習，指示，助言その他の指導を行うことをいう。」と記されている。

　文部省は1955（昭和30）年に，「学校における職業指導は，個人資料，職業，学校情報，啓発的経験及び相談，を通じて生徒自らが将来の進路の選択，計画をし，就職又は進学して，さらにその後の生活によりよく適応し，進歩する能力を伸張するように，教師が教育の一環として，組織的継続的に援助する過程である。」と定義している。

　その後，学習指導要領で職業指導が進路指導と名称変更されるのに伴い，定

義もつぎのように変わった。「進路指導とは，生徒の個人資料，進路情報，啓発的経験，及び相談を通じて，生徒が自ら，将来の進路の選択，計画をし，就職または進学をして，さらにその後の生活によりよく適応し，進歩する能力を伸張するように，教師が組織的，継続的に指導・援助する過程をいう。」となった。これが文部省による最初の進路指導の定義である。

その後1983（昭和58）年に，内容は「進路指導は生徒の一人一人が，自分の生き方への関心を深め，自分の能力・適性の発見に努め，進路の世界への知見を広くかつ深いものとし，やがて自分の将来の展望を持ち，進路の選択・計画をし，卒業後の生活によりよく適応し，社会的・職業的自己実現を達成していくことに必要な生徒の自己指導力の伸長を目指す，教師の計画的，組織的，継続的な指導・援助の過程と言い換えることもできる。」と改定された。

2004（平成16）年に，文部科学省は「進路指導は，生徒が自らの生き方を考え，将来に対する目的意識を持ち，自らの意思と責任で進路を選択決定する能力。態度を身につけることができるよう指導援助することである。」（「キャリア教育に関する総合的調査研究者会議報告書」）と短くまとめている。

日本進路指導学会（現日本キャリア教育学会）は進路指導の総合的な定義を，「進路指導は，個人の生涯にわたる職業生活の各段階，各場面において，自己と職業の世界への知見を広め，進路に関する発達課題を主体的に達成する能力，態度等を養い，それによって，個人，社会の双方にとってもっとも望ましいキャリアの形成と職業的自己実現を図ることができるよう，教育的・社会的機関ならびに産業における専門的立場の援助者が体系的・継続的に指導援助する過程である。」とした。

1999（平成11）年，文部科学省は中央教育審議会の答申「初等中等教育と高等教育との接続の改善について」の中で，キャリア教育なる用語を使用した。これは学校と社会および高等教育との接続を円滑にするため，キャリア教育（望ましい職業観・勤労観および職業に関する知識や技術を身に付けるとともに，自己の個性を理解し主体的に進路を選択する能力，態度を育てる教育）を小学校の段階から発達段階に応じて実施する必要があるとし，その実施にあたっては家庭・地域と

連携し，体系的な学習を重視するとともに，学校ごとに目標を設定し，教育課程に位置付けて計画的に行う必要があると説明した。

　同省は2004（平成16）年に，キャリア教育を「児童生徒一人一人のキャリア発達を，それにふさわしいキャリアを形成していくために必要な意欲・態度や能力を育てる教育」と捉え，短く「児童生徒一人一人の勤労観・職業観を育てる教育」と集約した。

　さらに2009（平成21）年には，中教審キャリア教育・職業教育特別部会は，大学においても職業指導という用語は用いてないが「勤労観・職業観や社会的・職業的自立を図るための能力等を義務教育から高等教育に至るまで体系的に身につけさせるため，キャリア教育の視点に立ち社会・職業とのかかわりを重視しつつ教育の改善充実を図ることが重要である」と報告している。とくに大学での取り組みが今日重要であると強調している。

　以上述べたように，職業指導，進路指導，キャリア教育と呼称は変化しているが，学校教育において，職業的自立を図るために生徒や学生を指導援助することの重要性に変化はない。そのコアとなるのが職業指導である。

# Ⅲ　職業指導の指導領域

　職業指導は個々人の生涯にわたる職業的な適応を，継続的に実現していく活動である。それは幅広い領域にわたる活動である。この活動や分類には多様な方法があり，代表的には，空間的な分類，つまり活動が行われている場所による分類と，その役割による機能的な分類とがある。本章では，家庭，学校，職場，公共職業安定所，その他，と空間的な視点から分けて説明する。

## 1　家庭での職業指導

　家庭は私たちの属するもっとも基本的な単位である社会集団である。家庭生活は家庭の父親，母親，あるいはその他誰かの職業生活により支えられているのが圧倒的である。各家庭にはその家庭の「文化」あるいは「文化資本」と呼べ

るものがある。家庭の様態は子どもの成長・発達に微妙に関わっている。親の興味，価値観，従事している職業が子どもの職業観，勤労観の育成に影響するのである。家庭は子どもたちの夢や希望を育む場なのである。ある小学生の作文「ぼくのお父さん」から，一文をあげてみる。

　　「ぼくのお父さんは会社員をしています。この前お父さんがかぜになったときお父さんはかぜでも会社に行くのでえらいなあと思いました。それにお父さんは優しいです。お父さんは会社員を15年くらいやっています。日曜日は休みが多いです。お父さんの本たなには本がぎっしりつまっています。ぼくはよくよんだなと思いました。お父さんはぼくが寝るころに帰ってきます。そしてお母さんの作ったごはんを食べます。お父さんは夜おそくまではたらいてたいへんだなあと思いました。」（ママ）

　この子は職業の厳しさと，それにより自分たちの生活が成立していることを，身をもって学んでいる。働くことは生活の中で大切な営みである，という勤労観が育つ環境にある。家庭は職業指導の土台を築く場所である。多くの人にとって，家庭での生活時間がもっとも長く，また両親や兄弟などとの接触時間の長いこの時期に，将来の職業選択に関わる潜在的な欲求を発達させるという精神分析の分野の研究もある。職業指導は幼児期から始まっている。ただ，核家族化が進行し，地域社会の連携も薄くなりつつある現代の日本社会で，家庭での職業指導の機能は低下することが予想できる。この点をどう解決していくかが，今後の課題である。

## 2　学校での職業指導

　学校は家庭のつぎに私たちが所属する社会集団である。そこは，家庭のように一次的でゲマインシャフト的なものでなく，二次的でゲゼルシャフト的な集団である。その制度や組織は児童・生徒にとって動かすことのできないものである。この学校で私たちはさまざまな学習をする。幼稚園，小学校，中学校，高校そして大学と，継続的な職業指導がなされる場である。各段階での職業指

導上の課題を整理すると，つぎのようになる。

### (1) 幼稚園と小学校低学年

この時期の子どもたちは自分の身近な人の行動，それも自分よりも年長の人たちの行動を見て，それを内面化し，自分の価値観を形成する大切な時期である。とりわけ親や兄弟，学校の先生などの影響は大きい。いわゆる「功なり名をあげ」社会的に成功した人もその生育歴をさかのぼると，この時期にその萌芽を見るものが多い。自分の将来に夢をもち，その夢を育てる第一歩になるのがこの時期である。

### (2) 小学校高学年から中学校

成長の早い子どもで小学校の3年生から4年生，遅い子どもでも中学生になると，それまでは教員や親に自分がどう受け止められているかに関心があったのが，自分が自分と同世代の仲間からどのように見られているかが，気になる発達段階に入る。幼稚園や小学校低学年では，親や教師と自分という「縦の関係」を中心にして人間関係が営まれていたが，小学校の高学年から中学生の時代になると，友人関係を中心とする「横の関係」を重視するようになる。友人や仲間との関係を通じて自分というものを捉える時期になる。仲間集団の瑣末な問題にも気を病む年頃である。この年代は体と心の成長のアンバランスが著しいため，ちょっとした出来事から学校生活に不適応を起こす年齢でもある。また，不登校が増加する年頃である。小学校の低学年まで親の言いつけをよく守るよい子であったのが，親に対して反抗的な態度が表面化する時期でもある。その反抗も一過性のものでなく，本人の生育歴を見ると家庭内暴力を引き起こす場合もある。その遠因を探ると，小学校の低学年や幼児期にあることが多い。小学校の高学年から中学生の少年少女は，基本的に友人関係，仲間関係を通じて成長するのである。いつまでも子ども扱いをするのは，この世代がもっともいやがることである。指導者はこの特性に留意しながら指導，援助するという姿勢が必要になる。とくに，中学3年生の具体的な進路選択の段階で，親や教師が指示的な指導をすることは好ましい効果を生まない。あくまでも自分で考えさせ，それを側面から援助する舞台の黒子役に進路指導の担当者

は徹する必要がある。親という文字は木の上に立って見ると書くが，本人の自己理解と自己教育力の深化をじっくり待つ姿勢が要請される。

### (3) 高　　校

高校生の年代になれば，ある程度自己理解も深化し，自分の将来について現実的に考えることのできる年齢である。ところが，実際には進路意識の未熟な生徒が多い。この問題については，高校生の職業観，勤労観を育てるため，いろいろな実践がなされている。専門高校の職業を中心とする学科では，就職志望の生徒が多いので，履修する教科や科目は職業と関連するものが多い。また，実習や就業体験の時間も一定確保されている。伝統的に卒業生との交流の機会も多いので，職業についての問題意識は普通科の生徒に比較して相対的に高い。

問題は大学進学者の圧倒的多数を占める普通科設置の高校（以下，本章では普通高校と略す）である。大学進学が当面の目標である普通高校では，職業の問題は先のことだとして先送りする傾向にある。大学卒業を前にして，あわてて職業の問題を考える学生も多い。自己理解や職業選択も十分に吟味しなくて，就職活動に向かうことになる。2017（平成29）年度の4年制大学進学者は50%を超えており，短大や専門学校進学者も含めると，高等教育機関への進学は80%に近づいている。普通高校においても進路指導のプログラムを教育課程に位置づけ実施する取り組みが求められている。一部の高校では試行的にいろいろな取り組みがなされているが，大学進学者の比率の高い学校で，職業指導がプログラム化されている学校はまだ少数である。

### (4) 大　　学

2017（平成29）年段階で中学校を卒業して就職する生徒は0.4%，高校では15.8%である。これに対して，大学卒業生の就職率は60.8%である。大学院や大学などの他学部や学科に進学する学生の割合は，13.4%である。合計すると74.4%になる。残りの25%強，大学卒業生の4分の1はどうしているのかが問題である。そのうちアルバイトやパートの仕事に従事した人が3.6%，卒業して就職も進学もせず進路が未定である人が16.1%，数にして約8万人いる。こ

れらの卒業生の進路はどうなっているのかが問題である。また，せっかく就職しても約40%の卒業生が3年以内に離職している。離職後の追跡調査を厳密にしたものはない。現在もっとも必要に迫られているのは，大学での職業指導の体制である。高校と異なり職務の分担が教員と職員と分かれている大学では，特定の学部や，ゼミの教員による紹介業務を除いて，大半の就職紹介業務は職員の職務としてなされている。

　大学の職業指導の体制と人員配置，実践内容については第4章で述べるので，この節では，大学での職業指導の必要性について中央教育審議会キャリア教育・職業教育特別部会（2009年7月）の審議経過報告をとりあげる。この報告では「勤労観・職業観や社会的・職業的自立に必要な能力等を，義務教育から高等教育に至るまで体系的に身につけさせるため，キャリア教育の視点に立ち，社会・職業とのかかわりを重視しつつ教育の改善を図る。」とされ，また「多くの就業者にとって社会に出て行くための学校教育の最終段階である高等教育修了の段階では，社会への移行にあたり，本人の主体的・自律的選択が求められる時であり，職業指導（キャリアガイダンス）やキャリアセンター等による職業・就職に関する情報の提供や相談体制などの機能がとりわけ重要になっている。」と記され，2010（平成22）年に大学設置基準第42条の2で「社会的及び職業的自立を図るために必要な能力」（下線，引用者）を養うための体制を設けるように改定された。

　ただ，「職業指導」という用語は職業教育（一定のまたは特定の職業に従事するために必要な知識，技能，態度をはぐくむ教育）との誤解が生じることをふまえて用いず「社会的・職業的自立に関する指導等（キャリアガイダンス）」として整理している。

　しかし，大学でも社会的・職業的自立に向けての指導が必要だという認識が高まってきたことは明らかである。現実問題として，大学での職業指導の取り組みは高校以下の学校と比較して十分とはいえない。就職紹介については，どの事業所に何名就職したかということが，学校の社会的評価につながるとして熱心に取り組むが，教育課程に組み入れた教育活動としての「職業指導」は近

年増加の傾向にあるが，まだ一般化していない。教育活動としての職業指導の未成熟さと併せて，自己理解も不十分なまま就職している若者は多い。アフターケアーの制度も試行錯誤の段階である。一部の熱心な就職担当職員やゼミ教員により支えられている面もある。学校から社会に飛び立つ若者に対して，大学という組織が，教育機関として職業指導をどのように位置付けるかが，これからの課題である。

## 3　職場での職業指導

　社会変動の激しい現代である。特定の職務能力があったとしても，長期にわたりそれを活用できる時代ではない。就職した後も，たえず研鑽し，自分の職業的能力を高め拡大する必要がある。現代の日本企業の人事担当者は，職業観・勤労観が未成熟なまま入社してくる生徒や学生に対してどう職場に適応させていくかで悩んでいる。学校は追指導まで手が回らない。かつては就職して３年の間に離職する生徒や学生が７：５：３といわれた。中卒者で30%，高卒者で50%，大卒者で30%であったが，2010（平成22）年には大卒者の離職率は40%になっている。就職した生徒や学生は，仕事を通して初めて学習することの必要性に目覚めたといえる。職業活動を通じて自分の職業的発達を促進し，変化する職業環境に適応できることが，本人にも事業所にとっても必要なのである。近年の30年間における職務内容の変化を見ても，高度な知識・技能を必要とする抽象思考型の職務は，約30%増加している。それに対し，コンピューターの普及による機器類の自動化で代替できる定形型の仕事は約20%減少している。人の手を借りねばならない労働集約型の仕事は残るが，比較的短期間に人材養成が可能であるので，パートやアルバイト労働者を採用する事業所が多い。これが，雇用の二極化の問題を生むことになる。二極化の原因を探れば，職務内容の自動化・専門化・高度化と関連する。増加する職種と減少する職種があれば，不要な職種の人員を必要な職種の部門に異動させるしかない。それができなければ，事業所は企業内失業者をかかえ苦しまねばならない。この雇用のミスマッチの問題を解決するには，生涯を通じて職務能力を高め，新しい

職種に適応していける労働者を育てる努力を企業もしなければならないし，雇用者にも学習が要請される。この体制が日本社会では十分でない。

職務能力の向上を，労働者の個人責任としたり，反対に自己研鑽もせず，一方的に企業に責任を押しつける場合もある。新職種の職務能力を労働者に獲得させるためには，公的職業訓練施設と企業との連携が必要である。とくに，中小零細事業所にそれが求められている。生産人口の高齢化により，若年労働者が減少していくこれからの日本社会には，継続した職業教育と職業指導の体制の整備が欠かすことはできない。

## 4　公共所職業安定所 (ハローワーク) とその他の公的機関での職業指導

公共職業安定所の業務は求職相談，紹介業務，雇用保険の失業給付，職業訓練機関の情報提供など多くある。なかでも，職業安定法第25条で業務のひとつに職業指導をあげている。そこには「この法律で職業指導とは，職業に就こうとする者に対し，その者に適当な職業の選択を容易にさせ，及びその職業に対する適応性を大ならしめるために必要な実習，指示，助言その他の指導を行うこと」と細かく内容を定めている。だが，この法律ができたのは1947 (昭和22) 年である。内容はその後何回も改定されているが，職業指導の項目についての変化はない。高学歴化が進行し，学卒後の就職者数は大卒生が最大になっている。職業の種類，内容も変化している。安定所以外に，就業に困難がある若者をサポートする「ヤングワークプラザ」，大学，短大，専門学校などの学生を対象とする「学生職業総合支援センター」，都道府県が若年者 (学生を含み34歳以下) に対して各種の職業情報の提供や，適性，適職の診断，カウンセリング，企業実習，職業紹介などのサービスを行う機関もある。また，「ニート」や無業者ために「地域若者ステーション」等も全国に設けられている。このような機関があることも知らない若者も多い。新規学卒の職業指導は学校で，その他は公的機関でという構図は変化している。学校と公的な職業指導機関との連携が必要になっている。

## 5　その他の機関での職業指導

　教育行政として学校を支援，指導する立場にある文部科学省や，各都道府県，政令指定都市に対する職業指導の取り組みはどうなっているだろうか。学校に大きな影響をもたらす学習指導要領にはキャリア教育に関わる記述が多くなった。2000年代に入り，その傾向は強い。2004（平成16）年に文部科学省は，「キャリア教育の推進に関する総合的調査研究会議報告書」を発表し，キャリア教育の実践が提言された。この年は「キャリア教育元年」ともいわれる。2006（平成18）年，同省は「小学校・中学校・高等学校のキャリア教育推進の手引き」および「高等学校におけるキャリア教育に関する調査研究協力者会議報告書―普通科におけるキャリア教育推進―」を発刊している。同年，米国でも職業教育法が改定され，Vocational EducationがCareer and Technical Educationとして使用されるようになった。

　日本でも各学校でさまざまな実践が行われ，成果も上がっている。ただ，これが一般化されているかといえば，まだまだである。学校の集団目標と組織目標の乖離の箇所でも述べたように，キャリア教育の評価を高校では大学合格率，大学では有名事業所への就職率で評価する傾向が強いからである。それは学校教育の「暴走族化」である。暴走族は互いにスピードを競い合い暴走するが，学校の暴走は生徒の心を傷つける。競争から「脱落」した生徒や学生は自分の特性を発見することなく，不登校，「ニート」などになるケースもある。あるいは社会に対する不信感をつのらせる。それは反社会的行動や，非社会的行動を生む要因にもなる。マスコミなどを賑わす学校の事件の社会的要因を探ると，学校ばかり責めることはできない。そこには必ずといってよいほど職業指導，進路指導，キャリア教育に関わる問題が存在する。暴発的な若者の行動を防ぐには対症療法的な指導では駄目である。問題をもつ生徒や学生のおかれている家庭的・社会的条件を把握し，そこから彼らとともに「生き方・在り方」の相談に乗らねばならない。希望がもてない社会ならばそれを変革させる力をどうつけるか，教員も苦労する必要がある。職業指導，進路指導，キャリア教育の体制が学校全体のものになっているかが，学校を変えるポイントである。

# Ⅳ 職業指導における職業相談の役割

## 1 職業指導

　ここでは職業指導における職業相談の役割について示していきたい。2009（平成21）年12月の中央教育審議会において，それまで職業指導（Vocational Guidance）といわれていた活動について，「社会的・職業的自立に関わる指導等（キャリアガイダンス：Career Guidance）」と名称変更がなされた。そしてキャリアガイダンスは，「社会的・職業的自立を図るために必要な能力を培うために，教育課程の内外を通じて行われる指導又は支援であり，具体的には教育方法の改善を通じた各種の取り組みのほか，履修指導，相談・助言，情報提供等が想定される」とされた。

　このような名称変更には2つの理由がある。ひとつは「職業指導」と，主として工業や商業などの専門科で行われる，特定の職業に従事するために必要な知識，技能，態度を育む「職業教育（Vocational Education）」との混同を避けたためである。もうひとつは，キャリアガイダンスが，単なる職業紹介ではなく，社会的・職業的自立に向け，必要な知識，技能，態度を育むことを目的とする「キャリア教育（Career Education）」の考えに基づいているためである。

## 2 職業相談 （キャリアガイダンス & カウンセリング）

　このキャリアガイダンスの実践的場面，とくに履修指導，相談・助言，情報提供等の場面で必要となってくるのが職業相談である。職業相談は，キャリアガイダンスの際に行われるカウンセリングである。

　職業相談は従来，Vocational Counselingの訳語として使用されていた。しかし，今日では職業相談は単に職業についての相談ではなく，職業を中心としてどのようなキャリアを積んでいくのかについての指導と相談を行うことだと考えられている。本書では職業相談に指導機能と相談機能の両面があることを鑑みて，キャリアガイダンスおよびカウンセリング（Career Guidance & Counseling）

を職業相談とする。

　職業相談には大別して，学校教育の場合と社会人の場合がある。学校教育の場合でも，中・高校生と大学生や専門学校生とでは相談内容は異なる。社会人の場合は就職相談，転職相談が主となる。2016（平成28）年３月，卒業生で卒業後就職する生徒の割合は中学で0.4％，高校で17.7％，大学で74.7％である。高校以下の場合は学習指導要領で進路指導やキャリア教育についての項目があり，一定の実践があるが，大学の就職相談は，ゼミの教員や就職センターなどの職員に任せている学校が多い。

## 3　進路相談（キャリアカウンセリング）

　進路相談（キャリアカウンセリングCareer Counseling）は高等学校以下の学校で，学習指導要領に記され，教育課程に位置付けされた進路指導に関する教育活動である。かつて文部科学省は「進路指導の手引」を発行していたが，現在ではそれは「キャリア教育の手引」と変わっており，進路相談も単なる進学や就職決めの相談ではなく，職業を中心としてどのような人生のキャリアを積んでいくのかを対象とする相談であることから，進路相談はキャリアカウンセリングと呼ばれるようになっている。

　文部科学省は「高等学校キャリア教育の手引」（平成24年２月）において，キャリアカウンセリング（進路相談）を，「子どもたち一人一人の生き方や進路，教科・科目等の選択に関する悩みや迷いなどを受け止め，自己の可能性や適性についての自覚を深めさせたり，適切な情報を提供したりしながら，子どもたちが自らの意志と責任で進路を選択することができるようにするための，個別又はグループ別に行う指導援助である」と説明している。そして，とくに卒業時の進路決定に対してきめ細やかな指導・支援を行うキャリアカウンセリングの充実がきわめて重要であり，教師はその機会の確保と質の向上に努め生徒たちの意識の向上や変容を促し，自己の可能性の発見や実現へのさらなる意欲を喚起できるよう育成することを求めている。

　たとえば，自分の担任クラスで将来の生き方や卒業後の進路を考える取り組

みを行った場合には，一人ひとりの生徒がどのようにその取り組みを受け止めたかをフォローし，個別対応が必要であると判断したときには別個にキャリアカウンセリングを行うなど，一人ひとりの生徒のキャリア形成を助けていくことが求められる。そのためにも，教師は進路についての正確な情報や知識をもつと同時に，いわゆるカウンセリングマインドをもって生徒と接することのできる力を身に付けることが求められる。

## 【参考文献】

Super, D. E., *The Psychology of Careers*, 1957（日本職業指導学会訳『職業生活の心理学——職業経歴と職業的発達』誠信書房，1960年）

文部省職業教育課編『産業教育90周年——記念増刊号』雇用問題研究会，1974年

細谷俊夫『技術教育概論』東京大学出版会，1978年

原正敏『現代の技術・職業教育』大月書店，1987年

藤本喜八ほか編『進路指導を学ぶ』有斐閣，1988年

山口満編著『教育課程の変遷からみた戦後高校教育史』学事出版，1995年

日本進路指導協会『学校から社会へ——キャリア教育の推進に関する総合的調査研究協力者調査研究会議報告書』財団法人日本進路指導協会，2004年

佐々木英一『ドイツ・デュアルシステムの新展開——日本版デュアルシステムへの示唆』法律文化社，2005年

Hoyte, K. B., *Career Education: History and Future*, 2005（渡辺三枝子ほか訳『キャリア教育——歴史と未来』雇用問題研究会，2005年）

日本キャリア教育学会『キャリア・カウンセリングハンドブック——生涯にわたるキャリア発達支援』中部日本教育文化会，2006年

伊藤一雄ほか『新・教育指導の理論と実践——現場で役立つ教員を志す人に』サンライズ出版，2007年

田中萬年ほか『働く人の「学習論」——生涯職業能力開発論』学文社，2007年

仙崎武・藤田晃之ほか編著『キャリア教育の系譜と展開』雇用問題研究会，2008年

斉藤武雄・佐々木英一ほか編著『ノンキャリア教育としての職業指導』学文社，2009年

寺田盛紀『日本の職業教育——比較と移転の視点に基づく職業教育学』晃洋書房，2009年

仙崎武・藤田晃之ほか編著『図説　キャリア教育』雇用問題研究会，2010年

日本産業教育学会編『産業教育・職業教育学ハンドブック』大学教育出版，2013年

■第3章

# キャリア開発と職業適性

## Ⅰ 職業適性とその分類

### 1 職業適性とは

　職業適性とは，一定の職務を遂行するのに必要な個人の能力および性格上の資質とされる。言い換えれば，その仕事を行っていくための資質や能力があるか，その仕事に合った性格をもっているかということである。仕事を行っていく能力という意味での適性という場合には，単に現在所有している個人の能力のみでなく，将来の潜在的な能力も含めていう場合が多い。たとえば，「あの人は細かい手仕事に適性がある」といった場合の適性は，現在の能力だけでなく，将来的にそのような能力を身に付けることができるということも示している。もともと職業指導は，1900年代に工場などで働く労働者が増えた際，あまり考えぬまま職に就き，離職する者が多発したため，パーソンズ（F. Parsons）が自分の適性に合った職業に就けるよう労働者に職業相談，転職相談や忠告を行ったことから始まっている。つまり，職業指導の根本には職業適性の考え方があるのである。

### 2 特性因子理論

　職業指導が始まった当初，この職業特性についての理論は，特性因子理論もしくはマッチング理論と呼ばれる考え方であった。特性因子理論とは，個人はさまざまな特性をもっており，その特性とマッチした要素（それが因子と呼ばれる）を必要とする職業に就くことで労働者はその職に対して満足度が高く，適

43

応が可能になるという考え方である。たとえば，事務職は言語的適性因子や数学的処理適性因子が含まれている職業であるといえる。

　パーソンズは，賢明な職業選択には，①自分自身，自分の適性，能力，興味，志望，資源，限界とその原因についての明確な理解，②さまざまな職業に関して必要な資質と成功の条件，有利な点と不利な点，報酬，就職の機会，および将来性についての知識，③これら2つの関連性についての合理的な推論が必要不可欠であるという。

　約100年前のパーソンズの考え方であるが，今でも職業指導・キャリアガイダンスの本質を突いている。つまり適切なキャリアガイダンスのためには，自らの職業適性について自己理解を進め，さまざまな職業に必要な適性がどんなものなのかについて職業理解を進め，両者をすり合わせて自らのキャリアを考えていくということである。

　そして，このような考え方に基づいて，一方では個人の特性を心理学的に測定する心理検査や知能検査，職業適性検査などが開発され，もう一方ではさまざまな職業を分析してその職務に必要な因子を明らかにする職業研究が行われたのである。

## 3　職業的（キャリア）発達理論

　この特性因子理論・マッチング理論に対して，第二次世界大戦も終わった1950年代，個人の自由が重視される時代になって，この理論では本人の希望を無視して個人の特性と職業のマッチングだけで職業を選択する，させるのはいかがなものかといった批判が起こるようになる。そしてそこから提唱されるようになったのが職業的発達理論である。

　職業的発達理論とは，職業適性は当人が本来的にもっている能力や特性だけでなく，職業に関わることによって，ちょうど人格と同じように，職業に対する適性と態度が適応的に発達する，すなわちキャリア発達によって得られるという考え方である。現在の学習指導要領や文科省の発行するキャリア教育の手引で示される考え方は，根本においてこの理論に基づいている。この職業的発

達理論，後にキャリア発達理論と呼ばれるようになる代表的な理論が，スーパー（D. E. Super）の職業適合性理論である。スーパーはこの職業適合性理論に基づき，適性と態度を育てることを通して，人がキャリア発達を果たすプロセスを明らかにしようとしたのである。スーパーが目指したのは，人と職業との適合であった。そのために彼は職業適合性をさまざまな要素に分け，分類することによって，職業との適合がいかになされるのかを分析した。ここではこの職業適合性の分類から，職業適性について考えていきたい。

## 4　スーパーの職業適合性理論

　スーパーによると，職業適合性は，能力と人格・個性（パーソナリティ）とに大きく分けられる。能力は技能と適性に分けられ，そのうち技量が学業に現れた場合は学力，仕事に現れた場合は技能と呼ばれる。適性には，相対的に生得的な部分が多いといわれる知能，空間視覚化，知覚の速さ・正確さなどがある（資料3-1）。

　このうち知能は，言葉や数字，符号のような抽象的な記号を使って推理する能力とされ，とくに言語的推理能力の役割が大きいと考えられている。そして，その能力をもっている人は，その能力が必要とされる職業に興味をもち，その職業に就くことで，自らを満足させることができる。

　空間視覚化の能力は，ものの形や大きさを判断し，それを心の中で操作する能力であり，美術や工業，工芸などの職業に就いていることが多い。知覚の速さや正確さは事務的能力に関連し，その能力をもつ者はそれに適合したふさわしい職業にひきつけられる傾向をもつ。スーパーによると，これらの適性は，その職業に就いたときに能力を向上させるための訓練に果たす役割が大きいという。つまり，これらの適性をもっている場合，ある職業に就いて後に能力を向上させることができ，その分その職業に対する満足度も大きくなるということである。人格・個性（パーソナリティ）は，適応力や価値観・興味・態度に分けられている。適応力とは当人のもっている欲求を満足させるために当人が行う特徴的な行動様式とされる。簡単に言い換えるなら，職業や仕事における満

**資料3−1　職業適合性の分類**

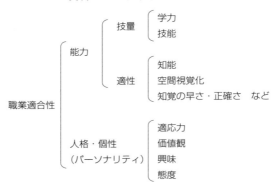

出所：文部科学省編（2012）『高等学校キャリア教育の手引き』

足感をどのように満たすのかについての特徴である。価値観は仕事をするにあたって何を価値におき，何を目指して達成を追及するのかについての特徴であり，興味は活動と目標に対する好き嫌いであり，どんな価値を目指して活動することを好むかを示したものである。たとえば，社会奉仕的興味，芸術的興味，文学的興味，機械的興味などが考えられる。態度は興味や価値に基づいてどのような態度をもつかということである。社会奉仕的な興味をもつ人は利他的な態度をもつだろうし，芸術的興味をもつ人は審美的な態度をもつことになるだろう。これら人格・個性（パーソナリティ）はまた，さまざまな経験や能力の向上を通して変容するものと考えられている。

　スーパーは，興味や価値は職業経験前に現れて，人の態度や行動に影響を及ぼすこと，働きがいと生きがいはある個人がその職務において，自分の能力・興味・価値観・パーソナリティ特性に対する満足感が得られる程度に依存すること，どの職業も能力・興味・パーソナリティ特性についてある特徴的なパターンを要求するが，そこには大幅なゆとりがあって，どの職業もかなりさまざまな人を受け入れ，どの人もかなり異なった職業に就くことができることなどを示している。

第3章　キャリア開発と職業適性

## 5　今のキャリア教育の基盤となるスーパーの職業適合性理論

　スーパーの職業適合性理論は，現在の職業指導，すなわちキャリアガイダンスの基盤となっているものである。たとえば，中央教育審議会大学分科会では，2009（平成21）年 8 月に「中長期的な大学教育の在り方に関する第二次報告」のひとつとして，「新たな大学の教育活動としての職業指導（キャリアガイダンス）の大学教育への位置づけ」を課題としてまとめている。この報告では，「学生が入学時から自らの職業観，勤労観を培い，社会人として必要な資質能力を形成していくことができるよう，教育課程内外にわたり，授業科目の選択等の履修指導，相談，その他助言，情報提供等を段階に応じて行い，これにより，学生が自ら向上することを大学の教育活動全体を通じて支援する『職業指導（キャリアガイダンス）』を適切に大学の教育活動に位置づけることが必要である」こと，「入学時のガイダンス等の導入プログラムから，学生の適性，興味・関心などを踏まえ，履修指導等において，きめ細かい指導・助言が行われるよう職業指導（キャリアガイダンス）の充実に努めることが必要である」(傍点，引用者) ことなどをまとめている。そして，「教育活動全体を通じて職業指導（キャリアガイダンス）を充実することにより，学生が安心して学び，自己の適性や生き方を考え，主体的に職業を選択し，円滑な職業生活に移行できる」としている。

　このようなキャリアガイダンスの考え方の根本には，スーパーに端を発するキャリア発達理論がある。そしてそれが明確に示しているのは，自己の適性の理解と開発が適切な職業選択とキャリア発達を可能にするということなのである。

# Ⅱ　職業適性に関する検査

　適性には二通りの意味がある。適性検査を実施する場合には，以下の点に留意する必要がある。1 点目は，検査により各個人のもっているさまざまな性能を，個人差の把握という視点から分析し利用する方法である。これは性能検査としての活用である。もう 1 点は，個人的視点からの性能を測定する以外に，

47

さまざまな職業に必要な性能との関係で分析しようとする方法である。前者が広義の適性検査とすれば，後者は狭義の適性検査，つまり職業適性検査といえる。知能検査や性格検査は前者に相当し，具体的職業名を記した運転適性検査や初期適性検査は後者に相当する。個人のもつさまざまな特性は，すべて職業検査を構成する1因子であるから，職業適性を把握するという立場に立てばすべての検査は職業適性検査であるといえる。しかし，本節では一般的な職業適性に関わる検査として知能検査や性格検査を捉え，具体的な職業性能との関係について検査する職業興味検査や職業適性検査を職業適性検査として扱う。

## 1　厚生労働省編一般職業適性検査

　この検査は，個人がどのような職業上の特性をもっているかを測定するものである。現在，職業適性検査としてはもっとも多く利用されている。この内容は多種多様な職業において，仕事を遂行するのに必要と捉えられる代表的な9種類の能力を測定し，能力面から見た個人の自己理解の深化を図ることや，適職の検索をすること，職業選択を円滑に行う目的で作られたものである。検査の構成は15種の下位検査からなっている。このうち11種は紙と鉛筆のみの紙筆検査であり，4種は特別の器具を使用する検査である。

　　a　紙筆検査
　　検査1：円打点検査（○の中に点を打つ作業）
　　検査2：記号記入検査（□の中に草かんむりを記入する検査）
　　検査3：形態照合検査（形と同じ大きさの図形を探し出す検査）
　　検査4：名詞比較検査（文字，数字の違いを見つける検査）
　　検査5：図柄照合検査（同じ図柄を見つけ出す検査）
　　検査6：平面図判断検査（置き方を変えた図形を見つけ出す検査）
　　検査7：計算検査（加減乗除の計算を行う検査）
　　検査8：語意検査（同意語または反意語を見つけ出す検査）
　　検査9：立体図形判断検査（展開図で表された立体形を探し出す検査）
　　検査10：文章完成検査（文章を完成する検査）

検査11：算数応用検査（応用問題を解く検査）

b　器具検査

器具検査1：差込み検査（棒（ペグ）を差し込む検査）

器具検査2：差替え検査（棒（ペグ）を上下逆に差し替える検査）

器具検査3：組み合わせ検査（丸鋲と座金を組み合わせる検査）

器具検査4：分解検査（丸鋲と座金を分解する検査）

器具検査1と2は手腕作業検査盤，3と4は指先器用検査盤を使用する。これより9種類の適性能が測定できる。この適性能は以下のとおりである。適性能と下位検査の関係を以下に示す。

G　一般能力（検査9，10，11）

一般的学習能力。説明，教示や諸原理を理解し判断する能力。

V　言語能力（検査8，9）

言語の意味とそれに関連した概念を理解し，有効に使いこなす能力。言語相互の関係，文章や句の意味を理解する能力。

N　数理能力（検査7，11）

計算を性格に早く行うとともに，応用問題を推理し解く能力。

Q　書記的能力（検査4）

言葉や印刷物，伝票類を細部まで正しく知覚する能力。文字や数字を直観的に比較弁別し，違いを見つけ校正する能力。文字や数字に限らず対象をすばやく知覚する能力。

S　空間判断能力（検査6，9）

立体形を理解したり，平面図から立体図を想像したり，考えたりする能力。図面を読んだり，幾何学の問題を解いたりする能力。

P　形態知覚（検査3，5）

実物あるいは図解されたものを細部まで正しく知覚する能力。図形を見比べて，その形態や陰影，線の太さや長さなどの細かい差異を弁別する能力。

K　運動共応（検査1，2）

眼と手または指を共応させて，迅速で性格に作業を遂行する能力。眼で見ながら，手の迅速な運動を正しくコントロールする能力。

F　指先の器用さ（器具検査3，4）

　早く，正確に指を動かし，小さなものを巧みに取り扱う能力。

M　手腕の器用さ（器具検査1，2）

　手腕を思いのままに巧みに動かす能力。物を取り上げたり，置いたり，
裏返したりするなどの手腕や手首を巧みに動かす能力。

　以上の検査から13種類の職業領域と，それぞれの職業領域を40種類の適性職
業群に分類している。その職業領域は

1．農林漁業の職業

2．運搬，加工，組立てなどの簡易技能の職業

3．加工，組立て，造形などの熟練技能の職業*

4．機械，装置の保守管理の職業*

5．運転，操縦の職業*

6．工学，技術の職業**

7．学術研究，医療，及び法務などの職業**

8．教育関係の職業**

9．コミュニケーションの職業**

10．社会福祉の職業*

11．販売，サービスの職業*

12．警備，保安の職業*

13．事務関係の職業*

　このうち，*が2個ついているものは紙筆検査のみで測定できるが，1個の
ものは，その領域に含まれる一部の職業には器具検査の結果が必要になる。検
査は紙筆検査のみならば約50分で実施できる。この検査は中学2年生から成人
までを対象にしたものであるが，心身の障害のため一般的な方法では能力が発
揮できないと捉えられる人や，45歳以上の人には正確な結果が得にくいとされ
ている。この検査の活用は，つぎの事項を目的としている。

①　職業指導の担当者に情報の提供を図る。

　この検査を通じて担当者が受検者の個性を理解し，指導や相談の方針を立て

るのを助ける。

② 受検者の職業選択活動の援助を進める。

それには３点ある。１点は受検者の自己理解を深め拡大するのを助けること
であり，２点は職業についての理解を深め，自分の適性能，職業環境などと関
係の深い職業を体系的に知ることができることである。３点は，受検者の希望
する職業の形成を援助できることである。検査を通じて自己理解や職業適性能
が把握でき，漠然としていた職業が具体的に浮かぶようになる。すでに職業経
験のある人にとっては，希望職種と現実との接近を図ることができる。

学校の進路指導，進路相談の場で使用するときは，つぎのような側面で活用
できる。

① 希望職種が不明な生徒や学生に自分を気づかせ，自己理解の動機が与え
られる。

進路選択の準備ができていない生徒や学生に対して，職業を選択することの
意味が理解でき，安易な職業選択に対して反省させる自覚を与える。

② 職業の世界を狭く捉えたり，反対に広く捉えすぎている生徒や学生に対
して，偏って形成されている職業観を修正させるきっかけになる。

③ 将来に対して漠然とした不安をもっている生徒や学生に対して，検査結
果を示し，本人に自信をつけさせることができる。

④ 特定の進路や職業にこだわっていたり，目指す進路に自信がもてない生
徒や学生に対して，職業適性能と職業群を示して，職業についての見方を広げ
たり，自信をつけさせるために利用できる。


## 2 職業興味検査 (レディネステスト)

職業に関する興味を測定する方法には多くあるが，1953年にアメリカのホラ
ンド（J. L. Holland）により開発されたVPI（Vocational Preference Inventory）が広
く利用されている。その後数回改定され，これを労働政策研究機構により日本
人向きに直されたものが生徒，学生などによく使用されている。レディネス
（Readiness）というのは，準備，用意，支度などを意味する語である。したがっ

てこの検査は，個人の将来の職業選択に影響を与える心理的な構えや態度といえる。一般に職業選択に影響を与えるのは，外的要因として雇用の機会，賃金，労働条件などと，内的・心理的要因として，個人の好み，パーソナリティなどがある。職業興味検査は内的・心理的側面を測定するものである。職業レディネスの考え方は，職業に対する自信度，職業選択に関する認知度のような態度的パターンと，職業に対する情報の取得度，選択した課題の解決能力，意思決定のパターンなどの能力的側面が含まれている。VPI職業興味検査は，このうち基礎的志向性と職業志向性を測定するものである。この検査は160の具体的仕事についてその職業に対する興味，関心の有無を回答させることにより，6種の興味領域尺度と5種の傾向尺度に対する個人の特性を測定するものである。各尺度の内容は，つぎのとおりである。

**興味領域尺度**（VPI職業適性検査の手引きより抜粋）
1) R尺度（Realistic Scale）現実的職業興味領域
   機械やものを対象とする具体的で実際的な仕事や活動に対する好みや対象の強さを示す。
2) I尺度（Investigative Scale）研究的興味領域
   研究や調査のような研究的・探索的な仕事や活動に対する好みや対象の強さを示す。
3) A尺度（Artistic Scale）研究興味領域
   音楽，美術，文芸など芸術的領域での仕事や活動に対する好みや対象の強さを示す。
4) S尺度（Social Scale）社会的興味領域
   人に接したり，奉仕したりする仕事や活動に対する好みや対象の強さを示す。
5) E尺度（Enterprising Scale）企業的興味領域
   企画や組織運営，経営などのような仕事や活動に対する好みや対象の強さを示す。
6) C尺度（Enterprising Scale）慣習的興味領域
   定まった方式や規則に従って行動するような仕事や活動に対する好みや

対象の強さを示す。

**傾向尺度領域**（VPI職業適性検査の手引きより抜粋）

1）Co尺度（Self Control）自己統制傾向

　　自己の衝動的な行為や考えをどの程度統制しているかを示す。

2）Mf尺度（Masculinity – Family Scale）男性－女性傾向

　　男女を問わず，一般に男性が好む職業にどの程度強い関心をもっているかを示す。

3）St尺度（Status Scale）地位志向傾向

　　社会的威信や名声，地位や権力などに対して，どの程度強い関心をもっているかを示す。

4）Inf尺度（Infrequency Scale）稀有反応傾向

　　職業に対する見方がどの程度常識にとらわれず，ユニークであるかを示す。

5）Ac尺度（Acquiescence Scale）黙従反応傾向

　　どのくらい多くの職業を好んだかで示す。

この検査結果から，職業興味や傾向のみでなく，以下の点で被検者を援助できる。

①　職業的自己概念の確立を図る。

職業から見た自己にどれだけ関心をもち，どの程度自分を客観的，現実的に見ているかが把握できる。

②　職業興味の分化度がつかめる。

どの程度，職業に関する興味が分化しているか。すべてのものにまんべんなく興味があるのか。特定の分野に高い興味を示すのか把握できる。

③　職業に対する要求水準の違いがわかる。

専門性の高い仕事に対しての志向性の強さがわかる。本人が意識して高い仕事を求めている場合と，本人の希望する職業の専門性の高い場合があるので，この違いがわかる。

④　文科系と理科系の違いがわかる。

将来どの職業に従事するかを決める要因になる専攻分野を選択する資料を得

られる。

　また，興味の基礎的な志向を見て，種々の職業への組み合わせが可能となる。

# Ⅲ　適性検査使用上の留意点

　現在，さまざまな職業適性検査が，個人と職業との関係を明らかにする目的
で使用されている。職業指導や進路指導上で，被検者の指導・援助で多くの効
果をもたらした。しかし，問題もある。この検査を利用する被検者の多くは，
成長発達段階にある生徒や学生である。職業経験の乏しい彼らは，職業体験の
ある成人と比べて，大人以上に検査を重視して捉えることが多い。そして結果
に敏感である。これらの生徒や学生に対して，特定の職業群に達していないか
らと安易に職業選択を変更させる指導者がいるとすれば，これは検査の悪用で
ある。これらの検査は，人の特性や能力の一部を，成長発達段階にある特定の
時点で測定したものである。私たちが健康診断を受けても，たまたま体調の悪
い日に受ければ結果が診断に現れるだろう。反対に，体調のよい日ならば「異
常なし」と判断されるかもしれない。多くの受検者はいろいろな条件下にある
ことを，指導者は理解しておく必要がある。

　職業指導の指導者，とくに学校の場合，教員と生徒・学生との関係は医者と
患者の関係に似ている。患者のカルテは医者が持っており，検査結果がそこに
記録されている。個々のデーターは，最新の医療機器を利用して得られたもの
である。それに基づき説明されたら，患者はなんの反論もできない。しかし，
それだけでは名医とはいわれない。患者は自分の病状に不安を抱いている。そ
れを裏打ちすることをいくら正確に解説されても，患者の不安はなくならな
い。場合によっては，精神的に落ち込み病状はさらに悪化するかもしれない。
それより，患者の不安を和らげ，一歩でも回復するための資料としてデーター
は活用すべきだろう。そして，本人の自己治癒力を増すことが大切である。

　適性検査も同様のことがいえる。生徒や学生にとって適性検査はどのような
問題があるのかわからない。学校の教室で，ものものしくストップウオッチを

第3章 キャリア開発と職業適性

使ってなされる検査は，絶対的信頼がおけると信じている生徒も多い。偏差値が学校選択の指標であったように，適性検査の結果が唯一の職業選択の指標である，と捉える生徒や学生もいる。学校で適性検査を行うには，十分な事前指導が必要となる。

まず，検査の目的と内容を正確に被検者に説明しなければならない。少数の場合は面談により説明するのがよい。多数の場合は集団説明になる。事前説明で必要な内容は，以下のとおりである。

① 検査は自己理解を深める一資料である。絶対視してもいけないし，無視もできない。

② 人間の能力は固定したものでなく，発達し変化する。とくに，青年期はその変化の著しい時期である。

③ 結果を見て職業を選択するのでなく，職業選択を考えるための資料として検査を活用する。

そして，保護者，教員，友人，知人などの意見に加えて，被検者が自分をどう見るかが大切である。検査結果および教員やキャリアカウンセラーなどのアドバイスも参考にして，自分はどのような道を進むのかを生徒や学生等に自己決定させるのである。よく指導者に任せるという被検者がいるが，主人公は自分なのだということを認識させる必要がある。主体的に生きる人間を援助するのが，職業指導，進路指導，キャリアカウンセリングの目的である。適性検査で要求されている結果は予測妥当性を示している。ある活動に適性があると判断された個人は，適性がないと判断された個人よりも，その活動において教育や訓練をした場合に，より効率よく効果的に結果がでるだろうという予測をしているのである。これは，その活動を中心とした職業に従事した場合に，よりよく適合するだろうということである。これは検査結果と就職後の成績との間に正の相関があることを意味する。

しかし，現実の仕事は多くの要因が影響する。職場の風土，人間関係，経営者の姿勢，業務内容などにより人の職業生活は多くの影響を受ける。就職したときはいやだと思っていた仕事が，何年か従事しているうちに天職だといえる

55

ようになった事例もある。

　繰り返すが，適性検査は人生のある時期での自己理解を深めるための資料であり，職業選択が円滑に進むための一方法である。実際には検査で測定できない因子が職業には多く存在する。また，測定できた因子も環境の中で主体的に変化する点は，押さえておきたい。これには1927年から5年かけて，メーヨー（E. Mayo）ほかによって行われたホーソン工場実験という有名な研究がある。アメリカのシカゴ郊外のWE社という工場で電話の継電器を組み立てる女子労働者の作業能率を調査したものである。結果は照明を明るくするとか，机の高さを変えるとかいった物理的条件のみで，作業能率が向上するのでなく，労働者の積極的な作業への参加意欲といった要素，つまり志気（モラール）が重要な要因であることが証明された。検査結果は大切な資料である。しかし，それに振り回されて，自分を見失わないことが何よりも大切である。最後に決断するのは被検者なのである。

## 【参考文献】

Super, D. E., *The Psychology of Careers*, 1957（日本職業指導協会訳『職業生活の心理学』誠信書房，1960年）

藤本喜八『進路指導論』恒星社厚生閣，1991年

厚生労働省編『一般職業適性検査の手引』1995年

仙崎武編『キャリア教育読本』教育開発研究所，2000年

教職問題研究会編『教科外教育の理論と実践Q&A』ミネルヴァ書房，2002年

木村周『キャリア・カウンセリング──理論と実践，その今日的意義』雇用問題研究会，2003年

岡堂哲雄監修『現代のエスプリ別冊　臨床心理学入門事典』至文堂，2005年

日本キャリア教育学会『キャリア・カウンセリングハンドブック──生涯にわたるキャリア発達支援』中部日本教育文化会，2006年

下村英雄『キャリア教育の心理学──大人は，子どもと若者に何を伝えたいのか』東海教育研究所，2009年

松山一紀『組織行動とキャリアの心理学入門』大学教育出版，2009年

文部科学省編『高等学校キャリア教育の手引き』教育出版，2012年

日本労働政策・研究機構『VPI職業興味検査の手引き』雇用問題研究会，2015年

VPI研究会『VPI利用者のための職業ガイド』雇用問題研究会，2015年

# ■第4章

# 学校におけるキャリア開発と支援

## I  学校から仕事の世界へのキャリア支援

　学校から職業の世界への円滑な導入のために「キャリア開発と支援」に関する教育が小学校から大学まで取り組まれている。なかでも就職者については，2017（平成29）年5月の学校基本調査で中学校を卒業して就職する生徒の割合は全卒業生の0.1％と少数である。生徒の指導は学校と職業安定所（以下，本章では安定所と略す）が協力のうえ，職業安定法（以下，本章では安定法と略す）26条により，安定所がほぼ全面的に支援して就職させている。

　大学（短大も含む。以下，本章では大学と略す）の卒業生に占める就職者数は約60％と最大である。大学は安定法第33条の2により，独立して職業紹介業務を行っている学校がほとんどである。そのシステムは全国的に統一した方針で行われているといっても，学校や個人により多様化している。教員と事務職員との業務が明確化されており，職業紹介業務は事務職員のみが行っている学校もある。また事業所との就職協定などの取り決めも必ずしも守られていない面もある。ただ「キャリア支援や開発」の重要性は多くの大学で，近年認識が深まってきている。専門学校については設置学科や分野により差がある。それぞれの内容については，学校ごとの項目で記したい。

　高校の卒業生に占める就職者数は約20％弱である。普通科の設置高校（以下，本章では普通高校と略す）と専門学科の設置高校（以下，本章では専門高校と略す）とでは差がある。専門高校の職業を中心とする学科では概して就職希望生徒が多く80％以上が就職する学校もあるが，普通高校では全く就職生のいない学校

57

## 資料 4 - 1 　教育職員免許法関係の変遷

| 年　月 | 事　項 | 備　考 |
|---|---|---|
| 1949（昭24）年5月 | 教育職員免許法（以下免許法と略）の新設，開放制による免許制度が始まる。一級，二級，臨時の3区分，臨時を除き，幼，小，中，高，盲，聾，養護の7種類は高を除いて一級（学士），二級（准学士），高のみ一級（修士）二級（学士）が基礎資格となる。 | 当初は教育長，教頭，指導主事免許があったが，1954年に廃止される。 |
| 1988（昭63）年12月 | 教免法の改訂，専修，一種，二種，臨時*，特別**の4区分，幼，小，中，高，盲，聾，養護，の7種類高校のみ専修は修士，一種は学士，その他，一種は学士，二種は准学士（短期大学士）が基礎資格である。 | 特別免許状（幼稚園，中等教育学校を除く）が新設される。 |
| 1997（平9）年4月 | 小，中学校の教諭免許状（以下教免と略）取得希望者に7日間の介護体験が義務付けされる。 | |
| 1998（平10）年4月 | 教免取得単位が大幅増になる。例）中学1種　教職科目19単位⇒31単位 | |
| 2002（平14）年4月 | 懲戒免職者は教免の失効等，免許失効に関する措置が強化される。 | |
| 2004（平16）年7月 | 栄養教諭免許状の新設 | |
| 2006（平18）年3月 | 特別支援学校教諭免許状が新設，専修，一種，臨時，特別の4区分，幼，小，中，高，養護，栄養，特別支援***の7種 | |
| 2007（平19）年5月 | 教免更新制（10年）の制度化→2022（令4）年より廃止 | |
| 2008（平20）年4月 | 教職実践演習の新設，教職課程の是正勧告及び認可取消しの制度が始まる。 | |
| 2017（平29）年11月 | 教員免許状を有するすべての校種で教育職員免許法の科目構成が変更される。 | |

＊　臨時免許状は教免所持者がいない等やむを得ない事情のある場合に都道府県教育委員会の教育職員検定を受けて発行される助教諭免許状である。有効期間は発行した都道府県で3年間である。
＊＊　特別免許状は社会的経験，専門的な経験や知識，社会的信望等を有する者に任命又は雇用する者の推薦がある場合は教育職員検定を受けて発行される。
＊＊＊　特別支援学校免許状はそれまでの盲学校，聾学校，養護学校の3種の免許状を一本化したものである。
注　2017年以降免許法が改定されているので，教職課程のカリキュラム等は改定された内容を参考にして下さい。
（筆者作成）

　もある。ただ，就職紹介業務の内容は全国的に統一されている。以下各学校から大学，専門学校まで各学校段階におけるキャリア開発と職業指導について説明する。

　2017（平成29）年に学習指導要領と教育職員免許法が改訂され，大学における教職課程の内容が大きく変更された。**資料4-1**および**資料4-2**に改訂内容を

第4章　学校におけるキャリア開発と支援

## 資料4-2　教職課程のカリキュラム（小学校，中学校，高等学校）

2017年11月　改訂

| | | 各科目に含めることが必要な事項 | 最低取得単位数 | | |
| | | | 小学校 | 中学校 | 高等学校 |
|---|---|---|---|---|---|
| 最低取得単位数 | 第二欄 教科及び教科の指導法に関する科目 | 教科に関する専門的事項（小は外国語を追加） | 専修：30 一種：30 二種：16 | 専修：28 一種：28 二種：12 | 専修：24 一種：24 |
| | | 各教科の指導法（情報機器及び教材の活用を含む。） | | | |
| | | 小は外国語も含め，各教科それぞれ1単位以上修得 | | | |
| | | （中高は一定の単位以上修得すること。） | | | |
| | 第三欄 教育の基礎的理解に関する科目 | 教職の理念並びに教育に関する歴史及び思想 | 専修：10 一種：10 二種：6 | 専修：10 一種：10 二種：6 | 専修：10 一種：10 |
| | | 教職の意義及び教員の役割・職務内容（チーム学校への対応を含む。） | | | |
| | | 教育に関する社会的，制度的又は経営的事項（学校と地域の連携及び学校安全への対応を含む。） | | | |
| | | 幼児，児童及び生徒の心身の発達及び学習の過程 | | | |
| | | 特別の支援を必要とする幼児，児童，生徒に対する理解（1単位以上修得） | | | |
| | | 教職課程の意義及び編成の方法（カリキュラム・マネージメントを含む。） | | | |
| | 第四欄 道徳，総合的な学習の時間等の指導法及び生徒指導，教育相談等に関する科目 | 道徳の理論及び指導法（小，中のみ1種2単位，2種1単位），高校はなし。 | 専修：10 一種：10 二種：6 | 専修：10 一種：10 二種：6 | 専修：8 一種：8 |
| | | 総合的な学習の時間の指導法* | | | |
| | | 特別活動の指導法 | | | |
| | | 教育の方法及び技術（情報機器及び教材の活用を含む。） | | | |
| | | 生徒指導の理論及び方法 | | | |
| | | 教育相談（カウンセリングに関する基礎的な知識を含む。）の理論及び方法 | | | |
| | | 進路指導（キャリア教育に関する基礎的な事項を含む。）の理論及び方法* | | | |
| | 第五欄 教育実践に関する科目 | 教育実習（学校インターンシップ（学校体験活動）を2単位まで（高校は1単位まで）含むことができる。 | 専修1,2種 5 | 専修1,2種 5 | 専修1,2種 3 |
| | | 教職実践演習 | 2 | 2 | 2 |
| | 第六欄 大学が独自に設定する科目 | | 専修：26 1種：2 2種：2 | 専修：28 1種：4 2種：4 | 専修：36 1種：12 |

＊キャリア教育に直接関わる科目
出所：改定免許法より筆者が要約作成

示す。小学校から高等学校まで「総合的な学習の時間」と「進路指導（キャリア教育の基礎に関する基礎的事項を含む）が教職の必須科目として独立して設けられた。本章はこの変化にも対応できる実践も含めて学校におけるキャリア開発と支援について述べた。

さらに，「ブラック企業」「長時間労働」など学生のキャリア開発と支援に関わる問題は就職者の多数になった後期中等教育以後の段階に移行しつつある。この視点から見れば，大学生や大学卒業生も含めたキャリア支援の方法や進路保障の問題については，高校での実践も参考にする必要がある。

## Ⅱ 小学校・中学校（義務教育）におけるキャリア開発と支援

### 1 義務教育学校におけるキャリア開発と支援

2016年5月の学校教育法改正により，「義務教育学校」が制度化された（学校教育法〔最終改正2016年5月20日法律第47号〕第2章第16条～21条）。小学校や中学校はこれまでどおり学校教育制度の中心ではあるけれども，初等教育と前期中等教育の異なる段階を一貫する新しい考え方として義務教育学校が新設されたことには，今後注目していく必要がある。幼稚園から大学まで学校種別によって目的・目標が規定されている学校教育法においても，最初に義務教育学校に関する条項が定められている。同時に，キャリア教育も小・中学校における一貫した理念や実践が求められることになろう。

たとえば，義務教育学校ではないが，長野県の佐久穂町立佐久穂小学校・佐久穂町立佐久穂中学校では9年間一貫のキャリア教育が実践されている。『第11回キャリア教育優良教育委員会，学校及びPTA団体等 文部科学大臣表彰受賞団体における推薦理由』（以下，『第11回キャリア教育受賞校等』）によれば，同小中学校は2015（平成27）年開校と新しく，地域の特色である林業と福祉を中心に，小中一貫の系統的なプログラム「ふるさと学習」を地域と連携して開発し，つぎのように実践している。山の四季の体感や老人施設との交流などを行う小学校1年から4年を「基礎・充実期」，実際に林業で行われる作業を体験する

５年から中学１年（７学年）までを「活用期」，インターンシップや医療・福祉体験を行う中学２年（８学年）から３年（９学年）までを「発展期」と区分し，林業については地域人材や学校林の活用，医療・福祉については地域施設の活用など，地域との連携・協働の下，体験活動が実践されている（『第11回キャリア教育受賞校等』33頁参照）。

## 2　2017年改訂学習指導要領の趣旨・ポイント

　小・中学校におけるキャリア教育を直接的に規定する学習指導要領は，2017（平成29）年３月に改訂，告示された。この改訂に向けて，2016（平成28）年に中央教育審議会教育課程部会は「次期学習指導要領等に向けたこれまでの審議のまとめについて（報告）」を発表し，小中高等学校に共通して，改訂の趣旨・ポイントを述べている。

　キャリア教育については，主に以下の３つのポイントが示された。第１に，「社会に開かれた教育課程」に関して，キャリア教育の視点から教育課程全体を検討する重要性が指摘されたことである。地域社会との関わりや職業との出会いなど，社会変化を学校教育に取り込み，子供たちが社会的・職業的自立に向けた学びを積み重ねられるようにすることが意図された。第２に，各教科において育まれる資質・能力が子供一人ひとりのキャリア形成や社会づくりにどのように生かされるかを見据え，キャリア教育の観点から教科教育の重要性が捉え直され，とくに科学技術の進歩に関連して理数科目の学習への関心を高めることが重視されている。第３に，キャリア教育が職業教育の充実の基盤と位置付けられたことである。社会の中で仕事をもち自らの役割を果たすことは，生計を維持するだけでなく自己実現を意味する。すなわちキャリア教育は，進路選択や特定の職業に求められる専門性の獲得への意欲につながるものとされた。

　今回の改訂では「どのように学ぶか」の側面から「主体的・対話的で深い学び」が提示された。教科教育はキャリア教育の観点から捉え直され，「自己のキャリア形成の方向性と関連付けながら，見通しを持って粘り強く取り組み，

自己の学習活動を振り返ってつなげる」主体的な学びの実現が，授業でなされるかが問われている。また，生徒指導も個別の問題行動への対応にとどまらず，子供一人ひとりのキャリア形成の方向性を踏まえ，資質能力の育成，健全な成長，自己実現を図るための力の育成を目指すものと捉え直された。

　以上のように2017年改訂では，小学校の「外国語活動」や小中学校の「特別な教科道徳」のように教科化またはそれに準じるところにまで，キャリア教育は位置付けられなかったけれども，「社会に開かれた教育課程」において，「社会」の典型的事実のひとつとして仕事や職業に関する事柄がとりあげられること，また「主体的・対話的で深い学び」を通して，「基礎的・汎用的能力」が育まれることが期待される。

## 3　小学校におけるキャリア開発と支援

### (1)　小学校学習指導要領

　上述した改訂のポイントをふまえ，新学習指導要領では，総則の「第4　児童の発達の支援」において，キャリア教育は「特別活動を要としつつ各教科等の特質に応じて，キャリア教育の充実を図ること」とされている。これについて，小学校学習指導要領解説（以下，「解説」）は，つぎのように説明している。「（特別活動が：引用者註）キャリア教育の要としての役割を担うこととは，キャリア教育が学校教育全体を通して行うものであるという前提のもと，これからの学びや自己の生き方を見通し，これまでの活動を振り返るなど，教育活動全体の取組を自己の将来や社会づくりにつなげていくための役割を果たすことである。この点に留意して学級活動の指導に当たることが重要である」（「解説」100頁）。

　この総則の内容を受け，「特別活動」の中では「キャリア形成」という用語が取り扱われ，キャリア教育と関連づけられている。特別活動の「各活動・学校行事の目標及び内容」の中の［学級活動］では，「(3)　一人一人のキャリア形成と自己実現」が目指されており，「ア　現在や将来に希望や目標をもって生きる意欲や態度の形成」「イ　社会参画意識の醸成や働くことの意義の理解」「ウ　主体

的な学習態度の形成と学校図書館等の活用」が意図されている。これに関して「解説」では，中高等学校とのつながりを見通した内容設定，教育活動全体の中での基礎的・汎用的能力の育成が求められている（「解説」101頁参照）。

　すなわち小学校では，特定の進路や職業を意識したものではなく，学級活動を中心とする特別活動を要とした教育活動全体において，「基礎的・汎用的能力」の育成」が目指され，中学校，高等学校を見通したキャリア教育の実践が求められているといえる。

### (2)　小学校における実践

[実践1]　能代市立鶴形小学校

　ここでは『第11回キャリア教育受賞校等』から小学校におけるキャリア教育の実践を紹介しよう。秋田県能代市立鶴形小学校では，地域と連携・協働しながら，地域の特色・人材・施設などを生かしたキャリア教育の活動が随時行われている。

　第1に，地域（郷土）の一員としての自覚を促す「鶴の恩返し隊」と名付けられた，定期的な清掃活動や防火活動，第2に，地域の特産物（そば・椎茸・じゃがいも・かぼちゃ等）の栽培・生産・販売活動，第3に，地域の自然や環境に関する体験を中心とした観察（モリアオガエルなど）や調査，近隣の山への登山等の活動，その他，地域の多様な団体（老人クラブ，自治会，婦人会，まちづくり協議会，地域行事各実行委員会等）との緊密な連携による体験活動が組まれている。

　同校は，コミュニティ・スクールの特性を生かしたふるさと学習をキャリア教育の視点から推進しており，総合的な学習の時間や環境教育の時間を用いて，これらの活動を行っている。これらの活動は，「子供が地域の元気の源」と認知されるほど評価されており，教職員の異動にかかわらず学校と地域との連携・協働体制が浸透している（『第11回キャリア教育受賞校等』6－7頁参照）。


[実践2]　亀岡市立西別院小学校

　つぎに，京都府亀岡市立西別院小学校の実践事例を紹介しよう。同校のホームページ等によれば，この実践の特徴は，近年耳にされるようになったアント

レプレナー（企業家）教育を基盤として展開されていることである。同小学校では，NPO法人アントレプレナーシップ開発センターの協力の下，同小学校PTA，同町自治会，同町子ども「心の教育」推進委員会，同町青少年育成連絡協議会，農事組合法人と連携して，企業体験活動が展開されている。

　具体的には，商品開発・販売，ロゴ等の作成を行う「NISSIカンパニー」を設立・運営している。そこでは第1に，地域の人の指導の下で農作物等の栽培・販売を行っている。たとえば学習発表会で商品紹介のプレゼン後，各学年の商品を販売したり，手作りカードやオーナメントを一般販売したり，トレードフェアで取組のプレゼンと農作物等の販売等を行っている。第2に広報活動として，町や学校の紹介CMを制作し学校HP上で公開したり，町のマップを作成したり，学校だよりやHPで活動報告をしたり，「ユース・エンタプライズ」のHPで活動報告を行っている（『第11回キャリア教育受賞校等』43頁参照，ユース・エンタプライズ」ホームページ URL：http://www.youthenterprise.jp/project.php?id=163，西別院小学校ホームページ URL：http://www.el.city.kameoka.kyoto.jp/nishibetsuin/ を参照）。

# 4　中学校におけるキャリア開発と支援
## (1)　中学校学習指導要領
### ①　総　則

　小学校と同様に中学校の新学習指導要領では，キャリア教育は従来どおり「総則」の中で扱われ，特別活動を要としつつ，小学校から高等学校を見通す縦軸と，「主体的・対話的で深い学び」から改善を求めると同時に，社会に開かれた教育課程に関連し，地域や家庭との連携という横軸の点から検討されつつ実践が求められている。

### ②　技術・家庭科

　また中学校独自の教科である技術・家庭科とキャリア教育の関連を確認しておく。技術・家庭科には，特定の職業につながる実践的・体験的な学習活動が含まれること，また技術では，たとえば社会におけるものづくりや技術の意

義，家庭における調理や，近年社会化が進んでいる保育や介護などのやりがい
を学ぶことで，職業観や勤労観の育成をねらうものとされている。

### (2) 中学校における実践

実践1 坂井市立三国中学校

　福井県坂井市立三国中学校では，中世から港町として栄え文化や工芸技術の
伝わる地域の特性を生かした，ふるさと教育・キャリア教育が行われている。

　第1に，系統的なキャリア教育の実践として，1年生を対象とした「職業講
演会」(地元で働く8名が講師)，2年生を対象とした職場体験活動（3日間），それ
に伴う地域の特色・社会の仕組みの理解，3年生による地域の観光・特産品・
魅力を伝えるリーフレット作成と修学旅行先（東京）でのPR活動があげられ
る。第2に，ふるさと教育として，各学年で時期をずらした海岸清掃，地域の
祭りへの参加があげられる。

　これらの活動は，区長会連合会との連携を中心として行われ，『第11回キャ
リア教育受賞校等』によれば，生徒たちは雇用と行政について学び，地域企
業・行政・教育委員会・中高等学校の各関係者で構成する地域のキャリア教育
推進協議会主催「キャリア教育推進フォーラム」で成果が報告されている（『第
11回キャリア教育受賞校等』30頁参照）。


実践2 高山市教育委員会

　岐阜県高山市では，教育委員会が主体となって，地域の企業や団体と連携
し，つぎの事業を継続的に行っている。①キャリア教育を考える会（中学校へ
複数の奉仕団体から講師を派遣し，中学生がキャリアを考える機会として，全体や少人
数に分かれて講話を聞き，交流する），②ものラボ高山キャンプ（腕時計やピタゴラ
装置などのものづくりを地域の企業や東京大学教育学研究科と開催，小学校4〜6年が
対象で，高校生以上の大人がサポートしている），③EST未来塾（市長，教育長，市役
所職員，地元企業の方，シンガーソングライター，NPO法人など高山市内外の人材を講
師に迎え，小学校5年〜中学3年生が話を聞いたり話し合ったり，企業見学やワークも
行っている）（『第11回キャリア教育受賞校等』34頁参照）。

## 5　今後の小中学校（義務教育）におけるキャリア開発と支援

　以上，小中学校また教育委員会の実践を紹介してきたので，ここでそれらの特徴をまとめておこう。

　第1に，キャリア教育は教育課程を社会に開く契機となっていることである。佐久穂町立佐久穂小学校・同中学校では林業や福祉，能代市立鶴形小学校では農業や日々の生活，亀岡市立西別院小学校では農業や広報活動，坂井市立三国中学校では文化や雇用，高山市教育委員会ではものづくりなど，地域の産業・企業・事業を踏まえ，多様な資源を活用した取り組みが展開されているということである。

　第2に，これらの実践では，とりわけ地域のさまざまな団体や個人，高等学校や大学等との連携など，多様な人的資源との連携が見られる。特別な資格や技能を備えた人にとどまらず，老人クラブや自治会，婦人会，地域行事の実行委員会，区長会，地元企業，NPO法人，ボランティア団体，行政職など，児童生徒から見える姿として地域の防火活動やボランティアを行っている人など，地域で一定の役割を担う人材は，地域で生きる児童生徒のモデル，目標になりうる。またアントレプレナーやものづくりなど，専門家との連携もキャリア教育の充実改善に一役かっていることに注目しておきたい。さらに，児童生徒にとって異校種との連携は，児童生徒の身近な将来のモデルを提示し，主体的な学びを促すものである。

　これら地域の多様な物的・人的資源との関わりは，児童生徒が地域や社会における自らの存在や役割を捉え，進路選択を考える機会となっている。多様な人材との関わりや変化する社会の中で，課題解決や他者との協働など，児童生徒は基礎的・汎用的能力を育成・向上させる。同時に，こうした学校でのキャリア教育の実践は，児童生徒の成長だけでなく，地域への愛着心の育成など，地域の活性化にもつながっていることに留意したい。

　第3に，これらの実践では単発的な体験にとどまらず，継続的・系統的なプログラムが組まれていることである。佐久穂町立佐久穂小学校・同中学校や坂井市立三国中学校のように，段階を踏んだプログラムが組まれていることによ

り，児童生徒はその都度の体験を，次への活動や自らの進路選択に活かすことができるようになっている。

2014年に国立教育政策研究所生徒指導・進路指導研究センターはパンフレット『データが示すキャリア教育が促す「学習意欲」』を刊行し，つぎのことを提示している。第1に，キャリア教育の充実は「学習意欲」の向上につながること，第2に，小学校では対話による個別支援（キャリア・カウンセリング）の実施が課題であること，第3に中学校では教科教育と職場体験を中心としたキャリア教育をつないだ全体計画に基づく体系的・系統的な指導が課題であることである。

同パンフレットは第2の課題に対して，「キャリア・カウンセリング」を「子供たちが自らの意志と責任で進路を選択することができるようにするための，個別又はグループ別に行う指導援助」と定義し（同パンフレット20頁），小学校ではとくに面談の時間を設けなくとも個別の児童への働きかけの中でキャリア・カウンセリングが可能であること，第3の課題に対して，総合的な学習の時間を活用した小学校から中学校の9年間を見通した実践や，教科間や活動間を，ワークシートを活用してつなぐ実践を紹介している。

新学習指導要領に基づく小中学校のキャリア教育は，高等学校段階までのキャリア教育を見通して全体計画が編成されるべきである。また，キャリア教育は，特定の職業等に求められる資質・能力を育成するものではなく，基礎的・汎用的能力の育成が目指され，その意味からも，職場体験や進路相談といった個別の活動に特化したものというより，学校教育活動全体において指導援助されるべきものである。それらを深化・統合するものが，特別活動における，表面的にキャリア教育と捉えられている学級活動やキャリア・カウンセリングと捉えるべきであろう。また上述したように「主体的・対話的で深い学び」からの授業改善はキャリア教育の観点からも期待されるべきところである。この意味では，予測できない変化に対応できる人材の育成を期待されるキャリア教育にも，「特別の教科」化が成った道徳教育と同様の動きが待たれるところである。

# Ⅲ 高等学校におけるキャリア開発と支援

## 1 商業系学科におけるキャリア開発と支援

　商業系学科は，近年の情報機器の発達等によって，従来の商業系の専門科目の需要が失われつつあり，専門科目を活かせる職場も縮小してきている。生徒自身も，将来の仕事に活かすために商業教育を学ぶといった明確な目的意識が薄れ，漠然と入学してくる生徒が多い。進路についても強い意欲をもっていない生徒が増加する傾向にある。こうしたことから，専門学科の中でも，商業系学科は普通科に近い学科になってきている。

　全国商業学校長会「キャリア教育・職業教育の在り方について」（平成23年10月調査）によると，「あなたは自分の適性を認識して，それを伸ばそうと努力していますか」という問いに対して，27.5％が「あまり努力していない」「努力していない」と答えており，これは商業高校におけるキャリア教育の課題であるとしている。そのため，自分の良さを認め将来の自己実現につなげていく３年間を見据えてのキャリア教育の実施が必要で，入学時から取り組ませたいと考察している。こうした中で行われるキャリア教育では，従来の商業教育の知識と技能を身に付けるという目的は維持しつつも，国際理解やコミュニケーション，自己実現といった人間関係形成能力にも重点が置かれるようになっている。

　また，キャリア教育の年間指導計画を立てている学校は，高等学校全体の８割であり，その中で進学や就職に関する相談（キャリアカウンセリング）までも含めている学校は６割程度である。就業体験（インターンシップ）や社会人の講話など，職業や就労に関わる体験活動の充実を重視した計画を立てているのは，職業教育を中心とする専門学科がもっとも高く約９割の学校にあたる。

事例1　A県立B商業高等学校における取り組み

① 　B商業高校の概要

　A県は大都市部周辺にある地域の典型例である。気候温暖で，果樹栽培を中

第 4 章　学校におけるキャリア開発と支援

心とした農業が盛んであるが，他にこれといった産業もない。北部の中核市に
県人口の 3 分の 1 が集中しており，近年人口減少が続いている。B 商業高校の
前身は明治時代に開校した実業学校である。卒業生の多くが地元企業に就職し
ていた。2008 (平成20) 年度より「ビジネス創造科」1 学科で生徒募集（1 学年 8
クラス〜9 クラス募集）を行っているが，2 年次に「ビジネス総合」「会計」「情報」
の 3 コースに展開されている。2014 (平成26) 年を境に就職者数と進学者数が逆
転し，2016 (平成28) 年度には就職が約30％，進学が70％となっている。

②　B 商業高校の取り組みについて

　B 商業高校では，キャリア教育の全体計画において「学校の教育目標」の下
に「育てたい生徒像」を示し，さらにその下に「キャリア教育の目標」を立てて
いる。

　その目標のために，進路指導の重点（各学年），生活指導の重点，とともに，
育てたい能力を「人間関係形成能力」「情報活用能力」「将来設計能力」「意志決定
能力」に分け，それぞれをさらに「教科」「特別活動」「総合的な学習の時間」別
に示している。

　また，全体計画に基づいて，年間指導計画を立てているが，その特徴を見て
みると，まずは 3 年間を見通した計画であること，「課題研究」や「総合実践」
といった商業の専門科目を計画の中に位置付けていること等があげられる。

　その中で 1 年次における「総合的な学習の時間」における「キャリアデザイ
ン」の授業は年間を通して行われ，内容も多岐にわたっている。**資料 4 - 3** に
2017 (平成29) 年度の事業実施計画をあげる。

　B 商業高校のキャリアデザインの実施計画を見ると，9 月から 7 回かけて，
コース選択に関する事業が組まれている。これは，2 年生からコースに分かれ
るために設定されているが，このように高等学校では進路とカリキュラムの関
係の中でキャリア教育が位置付けられているのが一般的である。大学等では
キャリアガイダンスは講義時間外で行われることが多いが，高校では就職や進
学のために，カリキュラムやコース設定に重きが置かれている。そのため，
キャリア教育の企画や全体計画の作成を中心となって進める担当は，校務分掌

資料4－3　2017（平成29）年度 商業学科のキャリアデザイン事業実施計画

| 番号 | 月 | 日 | 内　　容 | 準備・担当 |
|---|---|---|---|---|
| 1 | 4 | 21 | キャリアデザインのガイダンス・・・業者 | 担当教諭 |
| 2 | 4 | 28 | 適性検査・・・業者 | 担当教諭 |
| 3 | 5 | 12 | 職業調べ（職業ガイドを使って）・・・業者 | 担当教諭 |
| 4 | 5 | 26 | グループディスカッション（職業調べについて） | 担当教諭 |
| 5 | 6 | 2 | 先輩の体験を聞く（教育実習生等） | 担当教諭 |
| 6 | 6 | 9 | 職業別体験学習①（外部講師）・・・業者 | 外部講師 |
| 7 | 6 | 16 | じぶん発見（適性検査の結果と適正の職業・進路について） | 担当教諭 |
| 8 | 6 | 23 | 職業別体験学習②（外部講師）・・・業者 | 外部講師 |
| 9 | 7 | 7 | 学校見学会・・・業者 | 担当教諭 |
| 10 | 7 | 14 | 「一学期の振り返り」と「夏休みの計画」について（実力診断テストより） | 担当教諭 |
| 11 | 9 | 1 | コース説明会（体育館で1年生全体に各コース担当者から） | 学年主任 |
|  | 9 | 2 | コース選択保護者説明会 | 学年主任 |
| 12 | 9 | 8 | コース説明会（3会場に分散） | 学年主任 |
| 13 | 9 | 15 | コース選択個別指導と「私のキャリアデザイン」作成① | 担　任 |
| 14 | 9 | 22 | コース選択個別指導と「私のキャリアデザイン」作成② | 担　任 |
| 15 | 9 | 29 | グループディスカッション（私のキャリアデザインについて）（予備調査〆切） | 担　任 |
| 16 | 10 | 13 | コース選択個別指導とポスター制作① | 担　任 |
| 17 | 10 | 27 | コース選択個別指導とポスター制作② | 担　任 |
|  | 11 |  | コース選択本調査〆切 | 担　任 |
| 18 | 11 | 10 | 小論文・面接指導①・・・業者 | 外部講師 |
| 19 | 11 | 17 | 小論文・面接指導②・・・業者 | 外部講師 |
| 20 | 11 | 24 | コミュニケーションスキルアップ講座・・・業者 | 外部講師 |
| 21 | 12 | 15 | グループワーク（面接を実践してみよう） | 担　任 |
| 22 | 1 | 12 | 三学期の学習の取り組み方について（学年末考査と検定取得に向けて） | 担　任 |
| 23 | 1 | 19 | 金銭基礎教育プログラム「マネーコネクション」・・・キャリアファシリテーター協会 | 外部講師 |
| 24 | 1 | 26 | 先輩の体験を聞く（三年生） | 担当教諭 |
| 25 | 2 | 2 | 講演・・・キッズ・コーポレーション | 外部講師 |
| 26 | 2 | 9 | 職業別説明会①・・・業者 | 外部講師 |
| 27 | 2 | 16 | 職業別説明会②・・・業者 | 外部講師 |
| 28 | 3 | 2 | 総括・まとめアンケート | 担　任 |

の中で進路指導に関わる者が兼ねている場合が多い。B商業高校のように，とくに組織は設けず，担当者中心となっている場合も，職業を専門とする学科では1割を超えている。

また，同校でもっとも特徴的なのは，短期と長期の両方のインターンシップを設定しているところである。

短期インターンシップは，学校行事として，2年生の11月に3日間，全員（320～360名）が参加するものである。市内や近隣の事業所100社に受け入れてもらっている。目的は「インターンシップを通じて，本校と地元産業界をはじめとする地域社会との連携を深めるとともに，生徒の生きる力，勤労観・職業観の育成を図る。また，産業界等の最新の知識や技術を習得させるとともに，これまで学んだ学習内容を深める」としている。生徒には事前に以下の3点のテーマおよび課題を自己設定させている。

(1) 「大きな声で挨拶する」「笑顔で挨拶する」といったコミュニケーション力を高める。

(2) 商品の配置を覚える」「仕事の内容をメモする」といった具体的な仕事力を高める。

(3) 「積極的に取り組む」「身だしなみに気をつける」といった生活規範を身に付ける。

内容に関しては毎日学習日誌に記入させ，事業所担当者のコメントをもらうようにしている。実習後は，テーマおよび課題（自己設定）に対しての成果，実習中の感想・今後の課題，後輩へのアドバイスといった項目による職場体験学習報告書を提出させ，冊子としてまとめている。

長期インターンシップは，3年時の課題研究の授業として実施している。この講座は選択制であり，毎年80人前後の生徒で，5月～12月にわたり，週2回，5，6限の連続した授業時間帯で実施している。

短期インターンシップは限られた時間の中で生徒が希望する多くの職種で実施しているが，長期のほうは，期間が長いため，「ホテル販売実習」と「医療ビジネス」「保育園実習」の3コースに絞り込んでいる。

内容については，「ホテル販売実習」を例に取ると，期間を企業実習Ⅰ，Ⅱ，Ⅲに分けている。

- 企業実習Ⅰ：①企業実習の心構え，②ビジネスマナーの基本，③ホテルでの研修，④ホテルでの実習，が含まれている。
- 企業実習Ⅱ：①販売実習，②商品開発，③販売促進，が含まれている。
- 企業実習Ⅲ：１年間学んだ内容をレポートにまとめ，発表することとしている。

### 事例2 A県立C高等学校における取り組み

① C高校の概要

　C高校はA県の北部にある高等学校で，商業科（総合ビジネス科，情報処理科）と普通科からなる高等学校である。現在でも町内に卒業生が多く，地域の学校というイメージが強い。

　しかし，近年の少子化に伴い，町内の生徒が減少し，現在は町内が約20％，隣接する市から約50％，その他約30％という構成になっている。商業科はこの地域で唯一の商業科であり，普通科も近隣の普通科高等学校の統廃合により，郡内で普通科をもつ高校が２校になったが，そのうちの１校である。

　生徒の進路については，商業科と普通科に差はなく，就職約20％，大学・短大が約50％，専門学校が約30％である。そのため，就業体験等，進路に関する取組は一緒に行うことが多い。

② 就業体験学習の概要

　C高校では，１年次に，商業科だけでなく普通科も含めた全員（200～240名）が，職場体験学習を実施しており，その目的を「社会体験を通して社会人としてのあり方，生き方を学び，早期に自らの目的意識を育てていくとともに地域社会との連携を図る」としている。

　この目標に対して，2001（平成13）年度までは１学期に進路に関する講演を行い，２学期に就業体験を行うというスタイルだったが，2002（平成14）年度から日程を１日から２日に延長するとともに「総合的な学習の時間」に位置付ける

などして，取り組みを続けてきた。

　現在は「総合的な学習の時間」から外れ，「就業体験学習」として，校務分掌では総務部が主として担当しており，ビジョン委員会によって取り組みを審議することとしている。

　「就業体験学習」の内容は，進路（ロングホームルーム），講演，班別集会，企業別打合せ，職場体験，アンケート，体験状況の報告，感想文，お礼文の作成となっている。

　「総合的な学習の時間」に組み込まれていた年間指導計画と比べると，職場体験を中心に簡素化された構成になっているが，やはり進路とカリキュラムの関係の中でキャリア教育が位置付けられている。

③　PTAの取り組みについて

　C高校の取り組みは商業科の2科だけでなく，普通科も含めた1年生全体の取り組みであり，生徒の希望に沿った受け入れ先を確保するため，PTAの協力を得ている。PTAにとっても初めての取り組みであったため，実際の依頼活動を行うまでに，内部での説明会や研修会等を行い，「職場体験学習」の昨年度の成果報告や方針等を説明し，PTAが主体的に取り組む事業として定着させている。現在も，活動の普及，地域企業への浸透等により，説明回数等は減っているが，同じ取り組みが続けられている。

　2006（平成18）年11月に出された「高等学校におけるキャリア教育の推進に関する調査研究協力者会議報告書」には，インターンシップの推進に関して，受入れ企業，関係団体，関係機関等の地域社会の理解・協力が不可欠であるとしているが，C高校の取り組みは，地域の事業所に対する依頼をPTAの事業として実施することでこの取り組みの趣旨や意義を共有できたことが現在まで続く大きな要因となっている。地域に開かれた学校としての取り組みとして評価できるのではないか。

④　B商業高校とC高校の職場体験学習について

　インターンシップを，「職場見学・視察」，「仕事の試行」，「専門的職業能力の試行・代行」という3つのレベルから考えてみると，「職場見学・視察」のレ

ベルはもともと学校教育の中に組み込まれており，社会見学や修学旅行といった行事の中で今までも実施されていた。「仕事の試行」は1990年代から始まったキャリア教育の一環としてのインターンシップのレベルである。この初期の段階で，職業科だけでなく普通科も交えて１学年全体で取り組みを始め，それを維持している点でC高校の「就業体験学習」は当時としては画期的な取り組みであった。

　しかし，日本のインターンシップはそれ以降発展しておらず，最後の「専門的職業能力の試行・代行」は少なくとも一部の工業工業高校以外は後期中等教育段階では実施されている例は少ない。

　B商業高校の長期インターンシップは，短期インターンシップが「職場見学・視察」「仕事の試行」レベルであるのに対して，人数や職種の制限はあるが，「専門的職業能力の試行・代行」に向けた試みとして評価できるのではないだろうか。

　C高校の「就業体験学習」も「職場見学・視察」「仕事の試行」レベルにある。しかしながら，PTAの協力，地元企業の協力，といった地域との連携による取り組みであり「地域の中で子どもを育ていくことに企業が関わることによる教育効果」を生み出すという面がある。インターンシップの推進に関しては，受入れ企業，関係団体，関係機関等地域社会の理解，協力が不可欠であるが，C高校は地域の事業所に対する依頼をPTAの事業として実施するなど，地域企業，関係機関の協力を取り入れることを重視した結果，この取り組みの趣旨や意義を共有できたことが，2017（平成29）年に至るまで続く大きな要因となっている。

　今後は，地域の中学校と連携して，同じ職場に異なる立場でインターンシップに行かせるといったキャリア発達を促す取り組みや，商業科の「課題研究」の中で進められている取り組み等を利用して，自分たちでインターンシップの場を創出するといった取り組みが考えられる。いずれにしても，C高校が今まで培ってきた「地域の学校」という特性をさらに活かして今後の取り組みを進めることが期待される。

　一般に，商業系の高校では職場体験学習が重視されており，それぞれに工夫

第4章　学校におけるキャリア開発と支援

されている。期間を長期とすることでより専門性を高めたり，地域や企業と連携したりすることで，その目的としている「社会体験を通して社会人としてのあり方，生き方を学び，早期に自らの目的を育てていくとともに地域社会との連携を図る」ことについて，その役割を果たしており，「勤労観・職業観の育成」というキャリア教育の目的を十分達成できる可能性があると考える。

## 2　工業系学科におけるキャリア開発と支援

　ここでは専門高校の中でも平均的な工業高校をとりあげ，キャリア開発と支援の中でもっとも大きな業務である就職希望者を対象にした職業指導について説明する。工業高校の進路指導は高校入学時より卒業まで連続して行われるのであるが，その中でも職業指導に関わる業務が集中するのは卒業学年である。全日制なら3年生，定時制なら3～4年生である。**資料4-4**に就職希望者に対する指導内容と業務をあげた。

資料4-4　就職希望者に対する指導内容

| 日　程 | 指導内容・業務 |
|---|---|
| 4月-中旬 | 1．卒業予定者を対象に進路希望の最終調査を実施する。<br>2．職業適性検査と就職模擬試験などを実施する。多くの工業高校では厚生労働省編の一般職業適性検査と日本労働研究機構のレディネステストを実施している。 |
| 5月-初旬<br>中旬<br><br>下旬 | 1．職業安定所と学校との定例会合で職業情報，とくに求人情報の提供を受ける。<br>2．進路指導主事を中心に担任と生徒対象の就職説明会を実施する。職業安定所から得た求人状況と過年度の卒業生の進路実績の動向が中心となる。<br>3．担任は第1回目の個人面談を行う。この段階では生徒の意向を聞く程度であるが，本人の希望と現実の労働市場の状況とが，極端に離れている場合は変更を指導することもある。 |
| 6月-初旬<br>中旬<br><br><br>下旬 | 1．就職模擬試験を実施する。これはその後何か実施する。<br>2．保護者対象の進路説明会を実施する。この説明会は就職に限定していない。一般に進路指導主事や卒業生等の話等の後，保護者と担任との懇談が行われる。担任は生徒に関わる家庭状況，進路に対する個別的な問題，親の希望等を把握する。<br>3．応募書類の記入方法などの説明会を生徒対象に行う。統一応募用紙の趣旨については特に詳しく説明する。 |
| 7月-上旬 | 1．求人受付が開始される。受付は事業所の人事担当者が求人票を郵送ないしは持参される。 |

75

| | |
|---|---|
| | 好景気の時には進路指導室の前に求人事業所の担当者の列ができるほどであるが，不況時は閑散としている。毎年来ている求人がこない場合は依頼のため，事業所訪問や電話依頼等を行う。高等学校の求人は全国的に統一された求人票でなされているが，この求人票は求人を希望する事業所が職業安定所の指導を受けたことを示す確認印を押したものである。<br>　単なるパンフレット類だけでは求人の受理はできない。高校の求人のシステムを理解していない事業所の人事担当者もいるため進路指導主事は依頼主に求人の方法の説明もする。 |
| 下旬 | 2．求人票を学級分コピーしHR担任に配布できるようにする。この作業も大変である。<br>　近年はパソコンにより検索できるので業務は軽減した。 |
| 8月−初旬 | 1．求人票を生徒に公開する。生徒は担任の指導も受けながら，応募事業所を選択する。その間生徒，保護者，担任の三者面談を実施して，応募先の調整を行う。高校の就職は大学などと異なり，全国一斉に9月中旬に実施されるので，原則として1社に絞ることが必要になる。求人先がその学校に推薦を依頼した数を上回って応募することは結果として，全体の競争倍率が高くなり不合格者が増加することになる。そのため学校は，事業所がその学校に依頼してきた推薦数以内に応募者を押さえている。これがなかなか大変である。株式一部に上場されている大手事業所に応募が集中する傾向にある。本人の適性，家庭状況，学業成績，なども勘案して校内選考が行われる。親は自分の子供が可愛いし，担任も自分のクラスの生徒にできるだけ希望する事業所を受験させたい。だからといって自由にすれば，特定の事業所への応募が集中し，その「つけ」は生徒にかかってくる。進路指導主事の胃が痛くなる日々が続く。応募問題については業績主義に基づいた校内選考基準を設け，事前に選考の方法や内容を生徒や保護者に示し，その透明性を計っておく必要がある。 |
| 中〜下旬 | 2．職場見学。これについては職場訪問の項を参照してほしい。就職希望者の受験先が全員決定したと思ったら夏休みは終わっている。例年のことながら進路指導主事を中心とした進路担当者には夏期休業中がもっとも忙しい時期でもある。 |
| 9月−初旬 | 1．生徒が書いた応募書類の点検をする。応募書類の発送をする。原則として応募は一人一社に限定するのが，長年，高等学校卒業予定者に対する原則であった。それは，採用試験を9月中旬のほぼ同じ日に行い，競争倍率が低く押さえられ内定者が増加するというメリットもあった。1990年代中期から2000年代中期にかけての求人数の減少に伴い，北海道・東北地区，九州地区などでは求人数より求職者数が上回る事態が生じ，やむなく一人一社制を崩さざるを得ない現実がある。2017年9月段階では関西地区等比較的求人数の多い地区は9月の応募段階では一人一社制を守っている。応募書類は，9月初旬の指定された日に事業所に一斉発送する。これは発送日主義と言われている。全国的に統一されているが，沖縄県や離島などをもつ県で発送日がやや早くなっている地域もある。 |
| 初〜中旬 | 2．就職の模擬面接を行う。学校長に面接を依頼したり，進路指導主事が事業所担当者に代わって模擬面接をすることもある。生徒には言葉遣い服装などの細かい指導も兼ねた面接になる。<br>　事業所のほぼ90％以上が採用試験を実施する。受験生徒には記憶の新しい内 |

| | |
|---|---|
| 下旬 | に受験報告書を提出させ，試験内容等に問題はないか点検する。<br>3．採用選考の結果が郵送されてくる。合格して喜んでいる生徒をみるのは嬉しいが，反対に不合格になり落胆している生徒の姿をみるのは担任や進路担当者とっては辛いいことである。 |
| 10月－ | 就職内定者は内定事業所に承諾書を送る。不合格者は次の応募先を探す。好景気の時期は二次，三次の採用を実施する事業所も多いが，不況になると，そうした求人は減少する。卒業生や職業安定所と連絡をとり，求人先を探すのも進路指導主事の業務である。この段階ではHR担任の指導が大変である。クラスの中は採用内定の生徒と不合格の生徒が混在する。進学と異なり，就職に浪人は許されない。学校行事の時期であり，ささいなことが原因で生徒同士のトラブルが発生することもある。最後の一人が内定するまで担任，生徒，進路指導主事の神経を張り詰めた日々が続く。 |
| 11月～12月－ | 通常であれば，この時期に就職希望者はほぼ内定している。不景気で求人絶対数そのものが少なく，不合格者の続出する年は，二次，三次の求人を求めて進路指導担当者は走らねばならない。 |
| 1～2月－ | 例年この時期になると進路指導担当者を悩ませるのが，進路変更の問題である。せっかく内定した事業所に入社せずに，進学に進路を変更したいなどの生徒が出てくる。本人，保護者，担任と進路指導主事も交えて，安易な進路変更は避けるように説得することになる。生徒に承諾書の重みを重ねて説明することになる。 |
| 3月－ | 生徒の進路先など各種統計の作成・処理をする。多くの学校の卒業式はこの月の初旬から中旬にかけて行われる。卒業式の生徒の和やかな顔を見るのは嬉しいのであるが，事業所の入所は4月初旬である。この期間に車の運転免許等取得をする生徒も多い。卒業できたという開放感と，就職内定したという安心感から，交通事故などを起こし入社式に出席できないなどの問題もある。入社関連の行事が済むまでの生活指導を家庭にも依頼しておくことになる。 |

　職業指導に関わる業務についてその流れを記した。就職生徒の多い工業高校での職業指導は気の休まる間のないことが理解いただけただろうと思う。夏休みなどは通常の学期よりも多忙である。実際の場面では，社会的な状況により対応は異なる。好景気の場合は，10月半ばで全員の就職が決定するような年もあれば，まったく求人がなく，卒業が近づいても就職先が決定しない生徒が少なからずおり，進路指導担当者をやきもきさせる年もある。どちらかといえば就職の問題で求人数の多い年には，求職者の数を求人数が上回ることになるから，事業所の早期選抜などが問題になり，逆の場合は，選考をめぐる問題が多くなる。この選考の問題では，過去を振り返ってみると本人の属性と関係のない家庭状況などの問題で不合格となる生徒が何度も生じている。学校を卒業し

て初めて就職しようと意気込んでいた生徒は，この現実にショックを受けなかなか立ち直れない。本人の能力や適性と無関係の属性が要因で，労働市場から締め出された生徒の進路をめぐる問題を解決し，その進路先を保障しようとする教員や行政関係者をはじめとする多くの人達の取り組みが，進路保障の問題をクローズアップさせた。

## 3　進路保障とキャリア支援
### (1)　進路保障とキャリア支援

　進路保障の問題を理解するには，人材選抜をめぐる基本的な問題を整理しておく必要がある。そこで，まず近代社会における職業選抜の原理について説明する。

　いわゆる先進諸国といわれる国々では，近代化の一端は職業選択に際して，家柄や門地等，本人とは直接的に関係のない属性を中心に行われていた時代から，本人の能力や適性などにより求職者を選抜する業績主義（Meritocracy）への移行として見ることができる。Meritocracyという言葉はイギリスの社会学者ヤング（M. D. young）の造語である。彼は家柄や門地など「本人は何であるか」を問うことで社会的な支配が確立していた時代，すなわち，貴族社会（Aristocracy）という用語に対比できる概念としてこれを使用した。近代化された社会とは，本人のメリット（Merit）である「何ができるか」という業績に重きを置く社会であることを意味する。進路保障というのは職業選抜が業績主義に基づいて行われているかどうかを点検し，もし問題があれば学校，行政，事業主など関係者を含めて解決していく取り組みを意味する。この問題は先進諸国といわれている国々においては共通の原理である。その基本的精神は憲法第14条の「すべて国民は法の下に平等であって人種，性別，社会的身分又は門地により，政治的，経済的，社会的関係において差別されない」と，同22条の「何人も公共の福祉に反しない限り，居住，移転，職業選択の自由を有する」で明文化されている。進路指導担当者も含めた関係者は，生徒の受験した事業所がこの精神に逸脱した選考をしてはいないかチェックする必要がある。そして，

もし生徒が本人の能力や適性以外の属性により選抜されているという事実があれば，安定所などと連携し，事業所に対して問題点を指摘し誤りをなくすように取り組む必要がある。

### (2) 統一応募用紙

　就職希望者に対する指導日程の中に「統一応募用紙の趣旨徹底」というのがある。これは生徒が就職先に提出する応募用紙を統一したものである。なぜこれが重要視されるかといえば，この用紙が決定されるまでは，各事業所の社用紙が就職選考試験の応募用紙として使用されていたからである。それには本人の適性や能力とまったく関係のない属性的なものを記入させるものが多くあった。親の職業，収入，なかには自宅は持家か借家か，間取りはどのようになっているか，まで記入させる事業所もあった。とりわけ本籍地を書かせることにより，同和地区生徒を就職試験で排除するという事例が多くの事業所で見られた。学業成績も優秀で人物的にも問題のない生徒が，就職試験で不合格になる事象があちこちの府県で発生した。この問題に対処するため近畿地区の進路指導担当者が集まり，社用紙に本人の能力や適性と関係がないと考えられる項目は，不記載で応募書類を提出することを申し合わせたのが，統一応募用紙が生まれるさきがけとなった。1969（昭和44）年に同和対策特別措置法が公布されるといった社会的な変化の中で，1971（昭和46）年に近畿地区の就職応募用紙として統一されたものが決定された。その後文部省は「高等学校の就職応募書類の様式の統一について」とする通知を昭和46年4月30日付で各都道府県に出している。この段階では全国的に統一された用紙が使用されるまでに至っていなかったが，関係者の努力により1973（昭和48）年より全国的に統一した応募用紙が使用されるようになった。一部の地域でやや書式が異なる所もあるが，本人の能力，適性と関係のない属性的な事柄により就職の選考で受験者が不利にならないようにとした基本的趣旨に変わりはない。この統一応募用紙は，自分の能力や適性と関係のない事象で事前選考されることを防ぐとともに，日本国憲法に記された基本的人権の理念に基づき，進路指導を行うための方法として捉えることが重要である。**巻末資料１２**にそのひな型を示した。

### (3) 求人票

新規高校卒業生の求人が，安定所の指導を受けた求人票で統一されるようになったのも1970（昭和45）年の文部省と労働省の局長通達からである。それまでは，これも統一応募用紙と同様，事業所によりその書式や内容はまちまちであった。したがって，生徒は事業所のパンフレットなどにより求人情報を得ていたため，同じ勤務条件でも表現方法などに違いがあり，また事業所にとって都合の悪い内容は正確に記されない傾向があった。この求人票が採用されることにより，求人条件などが統一された書式で記されるようになった。これにより，学校現場での業務はずいぶん改善された。問題はこの求人票を生徒がどれだけ活用するかである。この求人票を正しく理解できるように指導することも担任や進路担当者の仕事である。なにも指導せずに求人票を公開した場合，生徒は賃金や休日などだけを見て，職種内容などを無視する場合もある。この求人票を有効に活用して指導することが大切である。

### (4) 職場訪問

生徒がどの事業所を応募するかということは，本人，親権者にとって重要なことである。そのため，求人票，担任教員，進路指導主事の話を聞いて，そのうえで事業所を見学したい生徒もでてくる。事業所訪問の時期は，主として夏期休業中になる。この場合事業主にはあくまで見学であり，応募ではないことを連絡しておく必要がある。景気のよい年には訪問するだけで就職する意思があるとして歓待し，不景気の年は逆に訪問者に対して冷淡な態度をとる事業所もある。また，生徒の親の職業や，現住所などを細かく聞く事業主もまれにあるが，これは生徒の自宅に直接に求人の勧誘や，身元調査等につながる恐れがある。このような問題のないように，事業主には生徒の訪問前に趣旨を説明しておく必要がある。選考はあくまで，応募書類が発送されてからであることを確認しておくことである。この訪問にはできるだけ教員が引率することが望ましいが，そうでない場合は，できるだけ複数の生徒で訪問できるようにし，あとで事業所訪問の感想などを聞き取る必要がある。

## (5) 応募と受験

　応募は統一用紙を用いて，9月初旬に全国一斉に郵送により行われる。この書類は①紹介書，②履歴書，③調査書の3点である。それ以外の用紙はない。この書類の点検も担任や進路担当者の業務になる。応募書類の誤字，脱字，略字などの訂正指導も重要なことである。受験後は生徒にすみやかに受験報告書を提出させ，どのような選考がなされたかを進路担当者は把握する必要がある。事業主に悪意はないといっても不必要な質問は生徒を傷つけることがある。選考段階での問題は年々減少してきてはいるが，それでも女子生徒に対して恋人はいるのかなどと，本人の能力や適性と関係のない質問をする人事担当者もいる。ペーパー試験の内容も高校での学習内容と大きく逸脱した問題などは，口頭で注意を喚起する場合もあれば，一校のみでなく進路担当者の連絡協議会や行政を通じて改善措置を要求することもある。

　以上，就職紹介の業務中心とした進路指導の要点を記した。これ以外にも多くの問題があるが，不合格になった生徒の指導についてはとくに留意すべきである。基本的に合否の判断は学校を通じて本人になされるが，不合格の場合もその理由がはっきりしないものについては確認しておかねばならない。少なくとも，属性主義に基づく選考がされていないかは点検すべきである。

　その反対に，事業所から指摘された問題には真摯に受け止め次年度以降の指導の参考にしたい。内容によっては本人にも正確に伝える問題もある。社会的なマナーなどの欠如は多くの事業主から指摘されることである。また，初めての就職試験に不合格になった生徒に対してはそのショックを和らげ，次の応募に向けての助言と援助を早急に進めることである。全員の就職が内定するまで，未決定者の進路の確保を優先した指導が必要である。

# Ⅳ 専門学校におけるキャリア開発と支援

## 1 専門学校教育の特徴とキャリア教育

### (1) 専門学校における職業教育とキャリア教育

　専門学校（専修学校専門課程）は高卒後の職業教育を行う機関として，大学に次ぐ進学者を受け入れている。専門学校は8分野（工業，医療，教育福祉，衛生，農業，商業，文化教養，服飾家政）に分類されており，近年では，医療分野の資格教育（理学療法士や作業療法士，柔道整復師や鍼灸師の養成）を行う学校が増加している。専門学校は18歳人口の増大期に大学に入学できなかった者の受け皿として拡大したが，知識主義的な大学に対して，大衆的な中等後教育機関として多くの若者を受け入れ，職業教育を行ってきた。

　専門学校での学びは，具体的な職業に関する知識・技能の習得を目指しており，専門学校生はそれらの具体的な職業に関する学びを通して職業観や勤労観，キャリア意識を身に付けてきた。他方で，専門学校は大学とは異なり，学力選抜を前提としない教育機関であるため，多様な資質や能力，動機をもつ学生を受け入れ，職業に結びつけていくことが課題となっている。そのため，専門学校では，職業に関する学びだけではなく，多様な学生を職業に結びつけていくためのキャリア教育的な実践の重要性が意識され実践されている。

### (2) 専門学校教育におけるキャリア教育に関する制度・政策

　専門学校におけるキャリア教育について初めてとりあげられたのは，2011年の中教審答申「今後の学校におけるキャリア教育・職業教育の在り方について」（以下，キャリア答申）であった。キャリア答申では，専門学校でのキャリア教育について「社会的・職業的自立に向けて必要な基盤となる能力や態度を全般的に育成することとともに，各職業・業種で特に顕著に求められる能力を重点的に伸ばすことも求められ」（下線，引用者）ると指摘している。このように，専門学校のキャリア教育はキャリア形成の「基盤的な能力や態度」の育成を目指すとともに，「各職業・業種で求められる能力にもとづいて」設計すること

が求められている。同答申では，具体例として，理学療法士養成において実習先の指導者が「専門職としての基盤，資質，適性，心得」「治療の実践」について到達度評価を行う実践が紹介されている（**資料4-5**）。

このように専門学校におけるキャリア教育は，実際に仕事をするための専門的な知識とは別に，職務を遂行するのに必要な能力や資質を育成するものとして位置付けられており，それらの能力や資質は各職業や業界によって決定されるとみられている。

### (3)　今後の専門学校とキャリア教育

キャリア答申では，各学校におけるキャリア教育・職業教育を，よりいっそう拡充していく方向性が示された。キャリア答申の内容を受けて，専門学校では2013年に「職業実践専門課程」が設置され，2019年には職業教育を行う高等教育機関として専門職大学が制度化されることとなっている。職業実践専門課程とは専門学校の中で「企業や関係機関との連携」の下に「職業に必要な実践的かつ専門的な能力の育成」を目指すものの中で一定の条件を満たした課程を文部科学大臣が認定する制度である。職業実践専門課程では，企業等が必要と考える能力の育成を専門学校の教育課程編成に反映させる必要があり，企業や業界の求める基盤的能力・資質・適性等の育成が，教育課程に反映されることとなっている。他方，2019（平成31）年度から開設が予定されている専門職大学の教育課程編成では，職業実践専門課程と同様，産業界等との連携による教育課程編成が制度化されている。その教育課程は「基礎科目」「職業専門科目」「展開科目」「総合科目」という4つの科目群によって構成されており，既存の大学とは異なる教育課程編成が予定されている。なかでも「基礎科目」は特定の職業に就くことを前提とした基盤的な能力の育成を目指す科目であり，キャリア教育的な内容が具体的な科目として設計され，基礎科目の中に反映されることも予想される。

これまで，学校におけるキャリア教育は，具体的な職業種や業界を限定せずに「職業観・勤労観」を育成することや，職業選択の支援を目的としたキャリアガイダンスに主眼が置かれてきたが，専門学校におけるキャリア教育は特定

### 資料4-5　専門学校でのキャリア教育の到達度評価例

例えば，理学療法士を目指すある専門学校では，臨床実習の評価において，実習先の指導者が，「専門職としての基盤，資質，適性，心得」「治療の実践」等に関する到達度を評価している。

#### Ⅰ　学ぶ姿勢，社会人としての資質

| | | |
|---|---|---|
| 1 | 時間等，約束を守ることができる。 | S A B C D |
| 2 | 身だしなみや言葉遣いが適切である。 | S A B C D |
| 3 | 礼儀をわきまえている。挨拶ができる。 | S A B C D |
| 4 | 報告・連絡・相談が過不足なく行える。 | S A B C D |
| 5 | その場の状況に応じた適切な判断と行動が素早くできる。 | S A B C D |
| 6 | 素直に聴ける。聞き入れることができる。 | S A B C D |
| 7 | 指導されたことをその後の行動に反映させることができる。 | S A B C D |
| 8 | 自分の意見を明確に述べることができる。 | S A B C D |
| 9 | 書面での適切な記録と報告ができる。 | S A B C D |
| 10 | 自発的に行動することができる。 | S A B C D |
| 11 | 「知りたい」という意欲が感じられる（知的好奇心）。 | S A B C D |
| 12 | 「やってみたい」という熱意が感じられる（行動面）。 | S A B C D |

| 学生自己評価 | 指導者のコメント |
|---|---|
| | |

#### Ⅱ　専門職としての基盤，資質，適性，心得

| | | |
|---|---|---|
| 1 | 守秘義務を果たすことができる。 | S A B C D |
| 2 | 専門職をめざす学生として節度をもって接することができる。 | S A B C D |
| 3 | 医学的・専門的知識に基づいた観察をすることができる。 | S A B C D |
| 4 | 有資格者の考え方・言動を学びとる姿勢で観察することができる。 | S A B C D |
| 5 | 専門用語を適切に使用して記録することができる。 | S A B C D |
| 6 | リスク管理をすることができる。 | S A B C D |
| 7 | 課題遂行の手段と優先順位を適切に判断することができる。 | S A B C D |
| 8 | 全体を俯瞰し，何をすべきなのか客観的に捉えることができる。 | S A B C D |

| 学生自己評価 | 指導者のコメント |
|---|---|
| | |

#### Ⅲ　評価の実践

| | |
|---|---|
| 1 | カルテ等のデータから必要な |
| 2 | 他部門や関係者から必要な情 |
| 3 | 対象者本人に実施する評価項ができる。 |
| 4 | 選定した項目の実施計画を適 |
| 5 | 評価計画に関する根拠を説明 |
| 6 | 評価の進行に伴って計画を修 |
| 7 | インフォームド・コンセント |
| 8 | 実施項目を適切な期間・時間※精神障害・発達障害領域は評定 |
| 9 | 実施項目を規定の方法で実施※精神障害・発達障害領域は評定 |
| 10 | 実施方法を状況に合わせて変 |

学生自己評価

#### Ⅳ　思考・判断

| | |
|---|---|
| 1 | 得られた情報やデータを整理 |
| 2 | 得られた情報やデータを関連 |
| 3 | 対象者の全体像（ICF等）をつ |
| 4 | 阻害因子（問題点）や促進因子きる。 |
| 5 | 解決すべき課題を把握するこ |
| 6 | 妥当性のある治療目標を設定 |
| 7 | 治療目標を達成するために必ム（頻度・所要時間・場面設定・ができる。 |
| 8 | 治療経過に応じて，治療計画ができる。 |
| 9 | 実施した治療の経過や結果の |

学生自己評価

出所：中央教育審議会（2011年）資料

第4章　学校におけるキャリア開発と支援

（札幌リハビリテーション専門学校，理学療法士科（4年課程）臨床実習Ⅱ・Ⅲ（4年次）の評価表）

| 情報を収集することができる。 | S A B C D |
| 報を収集することができる。 | S A B C D |
| 目を過不足なく選定すること | S A B C D |
| 切に立てることができる。 | S A B C D |
| することができる。 | S A B C D |
| 正することができる。 | S A B C D |
| を適切に行うことができる。 | S A B C D |
| で実施することができる。除外可 | S A B C D / S A B C D |
| することができる。除外可 | S A B C D / S A B C D |
| 更することができる。 | S A B C D |

指導者のコメント

### V　治療の実践（type A）

| 1　治療についてインフォームド・コンセントを適切に行うことができる。 | S A B C D |
| 2　自己の立案した治療計画に沿って，適切に治療を実施することができる。 | S A B C D |
| 3　対象者の状態に即して，治療方法等を適切に変化させることができる。 | S A B C D |

### V　治療の実践（type B）

| 1　指導者の指示通りに治療を実施することができる。 | S A B C D |
| 2　治療の体験（見学も含む）を通して対象者の状態と治療内容を結びつけられる。 | S A B C D |
| 3　自己の体格（身長，手の大きさ，筋力等）を考慮して工夫し，指導された治療内容を再現することができる。 | S A B C D |

学生自己評価　　　　　　指導者のコメント

| し，考察することができる。 | S A B C D |
| 付けて考察することができる。 | S A B C D |
| かむことができる。 | S A B C D |
| （利点）を把握することがで | S A B C D |
| とができる。 | S A B C D |
| することができる。 | S A B C D |
| 要である詳細な治療プログラ使用用具等）を立案すること | S A B C D / S A B C D |
| を適切に変更・修正すること | S A B C D |
| 妥当性を検証することができる。 | S A B C D |

指導者のコメント

※太枠内は，臨床実務経験4年目以降の指導者が記入。
※実習終了時点の到達度を次の基準で評価。

| S | できる，見守りでできる。 |
|---|---|
| A | 助言により，到達した。 |
| B | 助言と指導により，到達した。 |
| C | 改善傾向はあるが，到達しない。 |
| D | できない，改善しない。 |

＊札幌リハビリテーション専門学校より情報提供

の職業に必要な基礎的能力や資質に焦点が当てられているところに独自性があるといえる。さらに，専門職大学の制度化に伴って，産業界等の求める職業の基盤となる総合的能力の育成を目指すキャリア教育科目の編成が具現化される可能性もあり，今後もその動向が注目される。

### (4) 専門学校教育におけるキャリア教育の課題

#### ① 高校進路指導と専門学校教育

専門学校は，特定の職業に関する教育を行う機関であるため，専門学校への進学は将来の職業分野を選択することでもある。したがって，進学前に当該職業に関する十分な理解が必要となる。しかし，高等学校の進路指導は，偏差値に基づく進学の指導が主流であり，多様な職業を対象とした専門学校進学に対する指導が十分に行われているとはいえない。したがって，専門学校は，進学者の進路イメージと現実とのギャップを減らすため，職業に関する正しい理解や職業適性に基づく学生選抜を行う必要がある。

#### ② 即戦力志向とキャリア教育

これまで，専門学校は職業社会の変化に対応する「即戦力」を養成してきたと捉えられてきた。しかし，実際に職業に就くためには，職業に関する知識・技能・資格だけでなく，職業社会に参加し，定着していくためにさまざまな力が必要となっている。他方で，専門学校は，卒業後の職業や専門分野がある程度決定されているため，キャリア教育も各職業分野に具体的に対応するような内容でなければならない。このように，専門学校におけるキャリア教育ではビジネスマナーや一般教養の習得を超えた，職業社会への移行を具体的に意識した実践や各職業分野に対応する具体的かつ多様な実践を行う必要がある。

## 2 専門学校におけるキャリア教育の実践

### (1) 専門学校におけるキャリア教育

専門学校におけるキャリア教育は，従来，職業に関する専門科目の学修や実習を通して，職業に就くために必要な資質・能力を総合的に学び取っていくものであった。しかし，労働市場・職業社会の変化や，専門学校生の職業意識，

学力，コミュニケーション特性等が多様化する中で，専門的な学びを通してだけではスムーズな職業社会への移行が困難となってきた。専門学校では，これら産業・職業社会と学生の変化の双方に対応する特別な教育・支援の必要性が高まっており，教職員の個別的な対応の一方で，組織的・体系的にキャリア教育の体制を整備する必要性が意識されるようになってきている。

しかし，専門学校におけるキャリア教育の実施は制度的に義務付けられてはおらず，各学校の裁量に任されているため，学校によってその実態は異なっている。以下では，専門学校におけるキャリア教育の実践例として，複数の専門学校を設置している学校法人滋慶学園のキャリア教育について紹介したい。

### (2) 滋慶学園のキャリア教育

#### ① 建学の理念とキャリア教育

滋慶学園は全国に専門学校を設置する学校法人である。「職業人教育を通して社会に貢献する」ことを使命とし「実学教育・人間教育・国際教育」を建学の理念としている。なかでも，職業人としての総合的な能力の育成を目指した「人間教育」に注力しており，その中核としてキャリア教育を位置付けている。この背景には滋慶学園が医療関係の専門職養成から出発したことが関係している。すなわち，医療系の専門職養成は国家資格の取得が目標となるため，どうしても資格取得試験のための教育に注力することとなる。しかし，資格取得を実現するだけでは十分な職業人養成とはいえず，現場で働くために必要な力を「人間教育」として総合的に育成する必要性が強く意識されてきたのである。

#### ② キャリア教育グランドデザイン

2000年代に入り，「キャリア教育」への認識の高まりに応じて，滋慶学園では，キャリア教育に関する基礎的な知識や概念を整理し，それまでの教育実践との関係を整理する必要性が出てきた。そのための組織として，キャリア教育委員会を設置し，学園におけるキャリア教育のグランドデザインを策定した（資料4-6）。

滋慶学園のキャリア教育グランドデザインの大きな特徴は，入学前から卒業後までを含めてキャリア教育が計画されているところである。

資料 4-6　滋慶学園のキャリア教育グランドデザイン

| キャリア形成段階 | キャリア形成段階 | | キャリア設計段階 | | キャリア開発段階 |
|---|---|---|---|---|---|
| | 入学前 | 入学 | 在学中 | 卒業 | 卒業後（社会への移行期） |

**職業人教育のフロー**

広報活動を通じたキャリア形成支援
◆勤労観の形成
◆職業観の形成
　進路探索5つのステップの達成を支援

入学的教育
◆入学に向けた学習の準備，心の準備
・プレカレッジ
・Myカレッジ

導入教育
◆職業人教育への動機づけ

専門力の取得
専門職業教育
基礎＞専門＞応用
◆技術　◆知識　◆態度

人間力の取得
キャリア教育
●セルフマネジメント
●チームマネジメント
●プロジェクト・マネジメント

生涯教育
◆キャリアアップ

教育施策のPDCサイクル
方針・方策計画 → 実践・実行 → 教育評価
処置・改善

〈成長の軌跡〉
学習ポートフォリオ
●学習履歴の一元化　●成果物のストック
●目標と結果の統括　●体験の振り返り記録

**プロのスペシャリスト**

**サポートコンテンツ**

バックボーン
キャリア教育支援ツール
◆滋慶学園キャリア教育ロードマップ
◆キャリア教育促進テキスト／グループワークプログラム

バックボーン
学生の個別サポートシステム
◆SSC(Student Service Center)
◆進路変更委員会
◆キャリアデザインコミュニケーション科

バックボーン
教職員のブラッシュアップ
◆JESC研修プログラム
◆キャリア教育委員会

出所：鈴森剛志ほか『滋慶学園 Staff Development Program 学生サポートハンドブック』一般社団法人滋慶教育科学研究所，2013年

【入学前のキャリア教育〜キャリア形成段階〜】

　入学前段階のキャリア教育はキャリア形成段階として位置付けられている。この段階においては，出張授業やオープンキャンパスなどの広報を通じて適切な職業観や勤労観につながる情報を高校生や志願者に伝え，入学前の進路探索を支援することが目指されている。さらに，入学前教育を行うことによって，学習習慣の定着や，入学後の生活の準備，学習内容の理解を促していく。これら入学前のキャリア教育によって，適切な職業イメージをもちながら，入学後の学びの動機付けを行っていくことが目指されている。

【在学中のキャリア教育〜キャリア設計段階〜】

　入学後のキャリア教育は，専門的な学習と並行して計画されている。その中では，セルフマネジメント（学習・生活の改善・自己認識等）からチームマネジメ

ント（社会性の涵養，人間関係の調整等）を経て，プロジェクトマネジメント（問題発見，問題解決，仕事の統制，組織化，運営等）へと，その目標が高度化していく過程が整理されている。

　具体的には，専門職業教育のカリキュラムの中でもとくに実習やプロジェクト型の学習を通して，これらの目標が達成されていくことが目指されている。たとえば，ひとつのミュージカルの上演に向けて複数のコースや学年で協力して作業を進めることを通して，キャリア教育の目標を達成していくなど，専門教育のカリキュラムの中でキャリア教育が意識されている。

【卒業後のキャリア教育～キャリア開発段階～】

　卒業後のキャリア教育は，キャリア開発段階として位置付けられている。卒業生を対象として，キャリアアップのためのセミナーや，資格の追加取得を支援するリカレント教育など，卒業後の安定的キャリア形成を支援するための取り組みが行われている。卒業生の支援に関しては，離職の予防，とくに他業界への離転職によって，安定的なキャリア形成が行われず，不安定な労働市場において高いリスクを負ってしまうことが問題視されているが，これらのリスクを避けるための支援だけではなく，キャリア転換を支援する学び直しのニーズもあり，今後さらに，卒業後のキャリア形成支援に力を入れていくことが目指されている。

　滋慶学園では，これら3つの各段階に対して，さまざまな組織的バックアップ体制がとられている。以下では，学生への支援，教職員への支援を中心にその概要を紹介したい。

## (3)　学生へのキャリア形成支援

　学生に対しては，入学前より一人ひとりのキャリア形成をサポートするために，学習ポートフォリオが作成され，学修に関する情報だけではなく，キャリア意識や学修の動機に関する情報もフォローされている。これに加えて，キャリアサポートアンケートが毎年実施されている。このアンケートは，学生の学修への意欲や，進路意識を調査し，支援の必要がある学生のフォローや担任教員が中心となって行う個別面談のために活用されている。滋慶学園では，学生

の学習上のつまづきや学習意欲の減退は，キャリア意識との関係が強く，意欲の低下はすなわちキャリア形成の危機でもあると捉えられている。そのため，場合によっては，進路の見直し（転学科）や，目標とする職種の見直し等によって，キャリア設計の見直しへの支援を行うこともある。このように，滋慶学園での学生に対するキャリア形成支援は，学生の個別状況の把握と，それらの状況をキャリア形成の観点から捉え，柔軟に支援するという視点で行われている。

### (4) 教職員への支援とキャリア教育実践

以上のようなキャリア教育実践は，教職員が主体となって行われているため，一人ひとりの教職員がキャリア形成支援を行うための知識や技能をもつことが必要となっている。そのため，滋慶学園では教職員を対象とした基礎的研修として「カウンセリング研修」「キャリア教育カウンセラー研修」「進路アドバイザー研修」を位置付け，担任業務等を担う基幹的教員に義務付けている。これらの研修は，滋慶学園で教員としてキャリア教育を担っていくための基盤的能力の育成を目指しており，その内容は，職業人としての専門職業教育と並んで，キャリア教育を中心とした人間教育の理念とその重要性を理解し，キャリア教育を実践していくための基礎的な知識の獲得と理解が中心となっている。専門学校は各学校，コースごとに目指す職業が異なり，それらに求められる基礎的能力やキャリア形成支援のあり方も異なることから，各教員は研修の内容を基礎として，各学校や学科・コースにおいて，キャリア形成支援の方法を開発し，実践していくこととなる。

### (5) 体系的キャリア教育を目指して

滋慶学園では，キャリア教育専門の部局や学生支援専門の部局に各領域の専門家が携わっており，学生のキャリア教育に組織的に取り組んでいる。他方で，キャリア教育の実践部面においては，各学校，学科，コースの教員による個別的実践やカリキュラム開発が行われている。滋慶学園では，これらキャリア教育の優れた実践を学園内で共有し，研究発表を行うなどして，組織的なキャリア教育研究開発活動を行っている。さらに，このような優れたキャリア教育の実践の共有と研究開発の蓄積を通して，体系的なキャリア教育カリキュ

ラムを開発することも目指されている。

## Ⅴ  大学におけるキャリア開発と支援

### 1  大学におけるキャリア教育の始まり

　キャリア教育が学校教育でとりあげられたのは，1999（平成11）年の中教審答申「初等中等教育と高等教育の接続の改善について」や2004（平成16）年の文部科学省「キャリア教育の推進に関する総合的調査研究協力者会議」の報告などである。これらの報告には各人のキャリア発達や，個人としての自立を促す観点からキャリア教育の展開が求められている。それまでの学歴に対応した卒業者の予定調和的な進路選択が望めない状況となり，従来の進路指導や就職支援の活動にとどまらないキャリア教育の必要性が認識され始めたといえる。このことは大学生にも当てはまり，大学におけるキャリア教育が取り組まれるようになった。たとえば，2005（平成17）年12月に国立大学協会教育・学生委員会（以下，本節では国大協と略する）は「大学におけるキャリア教育のあり方─キャリア教育科目を中心に」で国立大学におけるキャリア教育，とりわけ教育科目の実態について検討している。大学生のキャリア形成・発達を促すためには，学生自らが以下の4つを明確にしていく必要があると指摘している。

　① 　キャリア設計能力：社会や職業社会への「移行期」にあたり，自らの将来・人生をおおまかにでもしっかりと設計できること。
　② 　キャリア・職業観：職業生活の中で自分が何を実現しようとするのか，職業に対してどういう意味づけをするのか。
　③ 　キャリア・職業の選択：自分はどのような道を歩むのか。
　④ 　職業・専門能力：そのためには何をなすべきなのか。

　上記のように大学におけるキャリア教育は，大学生の2000年代初期の就職氷河期に必要に迫られた。その後の景気の上昇とキャリア教育の実施等により，大学生の就職は2007（平成19）年頃に好転した。ところが，2008（平成20）年10月

91

のリーマンショックによるアメリカの金融恐慌は企業に影響を与え，事業縮小や人件費圧縮が緊急の課題となった。2008（平成20）年度の大学生の就職は内定取り消しといった事態が起き，その後就職難が続く中で中央教育審議会大学分科会（以下，本節では大学分科会と略す）は大学教育の質保証と学生支援の観点から，職業指導（キャリアガイダンス）を法令上に明記することとした。

　大学分科会が学生の就職問題について踏み込んだ報告をしたことに注目したい。また，2010（平成22）年2月の大学設置基準の一部改正は事の重大性を反映している。文部科学省同年3月に大学生の「就業力」向上5か年計画でキャリア教育科目の実施をすべての大学・短期大学で2011（平成23）年度から義務化することを発表した。この取り組みにあわせて大学改革推進等補助金として「大学生の就業力育成支援事業」を実施した。これは各大学・短期大学において職業指導（キャリアガイダンス）を，入学から卒業まで全学的かつ体系的に指導を行い，学生の社会的・職業的自立が図ることを目指した。

　2011（平成23）年1月には中教審答申「今後の学校におけるキャリア教育・職業教育の在り方について」が発表され，キャリア教育の推進のポイントとして，大学・短期大学は「教育課程の内外を通じて社会的・職業的自立に向けた指導等に取り組むための体制の整備が制度に位置付けられたことを踏まえ，教育課程上の工夫や有機的な連携体制の確保等，多様な取組を推進していくことが期待される」とし，職業教育については，大学・短期大学は「重点を置く機能や養成する人材像・能力を明確化し，職業教育の充実を図ることが重要である。また，職業意識・能力の形成を目的としたインターンシップや課題対応型学習等，実践的な教育の更なる展開が期待される。さらに，生涯学習ニーズにこたえていくことも重要な役割である」としている。それに加えキャリア教育の取り組みを分類し，以下の7つが紹介されている。

① 入学前段階や入学初年次における，後期中等教育からの円滑な接続や学びへの意欲を向上するための教育上の配慮
② 教育課程の中に位置付けられたキャリア教育

資料4-7 「社会的・職業的自立，職業への円滑な移行に必要な力」の要素

専門的な知識・技能

勤労観・職業観等の価値観／意欲・態度／創造力／論理的思考力

基礎的・汎用的能力

人間関係形成・社会形成能力／自己理解・自己管理能力／課題対応能力／キャリアプランニング能力

基礎的・基本的な知識・技能

出所：中央教育審議会答申（2011）

③ 入学から卒業までを見通したキャリア教育

④ 身に付けるべき能力の明確化と到達度の評価

⑤ 一人一人のキャリア形成を促進させる支援

⑥ 男女共同参画の視点を踏まえたキャリア教育

⑦ 後期中等教育と高等教育の連携

　また，**資料4-7**に示すように知識・技能が社会的・職業的自立や社会・職業への円滑な移行に必要な力としている。

　2012（平成24）年「産業界のニーズに対応した教育改善・充実体制整備事業」では，各大学・短期大学が地域ごとにグループを形成し，地元の企業，経済団体，地域の団体や自治体等と産学協働のための連携会議を設置して取り組みを実施することとなった。2013（平成25）年6月に閣議決定された「日本再興戦略」において，キャリア教育から就職へ一貫して支援する体制の強化が提言された。2014（平成26）年度にはその成果をふまえつつ地域でのインターンシップ等の取り組み拡大を図る新たな事業が公募され，教育効果の高いインターンシップの実施が望まれた。しかし，2010年代半ばには学生の就職環境が好転し，日本経済団体連合会が2017（平成29）年3月に発表した「採用選考に関する指針」において，企業が柔軟かつ多様なプログラムを実施できるよう最低日数要件を削除した。これにより，採用目的にのみ視点を当てたインターンシップ

の実施が多くなり，内容の質の低下が懸念されている。

## 2 大学におけるキャリア教育の事例

### (1) 大学におけるキャリア教育の研究動向

2000年代からの若年者雇用の課題を契機として，あるいは大学教育のあり方との関連から，大学におけるキャリア教育の必要性について注目を得てきたことは，各研究団体の動向を見ても明らかである。

1953（昭和28）年に日本キャリア教育学会の前身である日本職業指導学会が誕生し，1978（昭和53）年に発展的に改組することで日本進路指導学会が成立した。その後，2005（平成17）年に日本キャリア教育学会と改称している。藤岡（2015）は同学会発行の2006～2013（平成18～25）年度「キャリア教育研究」の小学生から大学生までを対象とした論文投稿の傾向として大学生を対象としたものが過半数を占めると指摘しており，ここからも大学におけるキャリア教育の注目度が高いことが伺える。キャリアに関連する研究は特定の学問分野だけでは不十分であり，教育学，経営学，社会学，心理学，法学など，さまざまな分野の研究者がその枠を超え，問題を共有している。

### (2) 国立大学法人Ａ大学の事例

国立大学の法人化の中期目標・中期計画から見る「キャリア教育」の位置付けを法人化後のＡ大学の例をあげ示す。Ａ大学は教育養成系・人文社会学系学部3学部，理系学部1学部からなり，関西の地域に根ざした大学としてこれまでその役割を果たしてきた。法人化に伴い策定された第1期中期目標・中期計画では，「学生への支援に関する目標」において「キャリア教育を含め，就職支援を強化する」とし，2005（平成17）年度に全学対象の共通教育科目「進路と職業」が新設された。第2期中期目標・中期計画の策定に際しては，「学生への支援に関する目標」で「学生の就職に対する組織的な支援の強化」を，「教育に関する目標」で「キャリア教育や社会人のリカレント教育への注力により職業人育成への努力」を定めた。第3期中期目標・中期計画では，「教育の実施体制等に関する目標」において「留学，インターンシップやボランティア等の社

会体験活動などの『学外学修プログラム』の機会を充実させる」とし，「クォーター制を導入し，1か月以上の期間での海外留学，地域留学，中長期インターンシップ，ボランティア活動を行う制度を整備する」としている。

　法人化以前のA大学B学部では，キャリアカウンセリングを含むキャリア教育は3年生を履修対象とする専門科目「専門演習Ⅰ（4単位）」および4年生の「専門演習Ⅱ及び卒業論文（8単位）」担当教員が行う個別指導の中で主に実施され，学部組織による支援は十分でなかった。しかし，第1～2期の中での体制強化により，個々の教員と支援オフィスの連携が可能となり，狭義のキャリア教育ではないキャリア形成支援体制が充実した。経済学・経営学・会計学・法学・情報学等を中心とした専門領域に関する授業と支援オフィスが連携し，キャリア教育担当教員だけでなくすべての専任教員が情報共有と意思疎通を図り，学部全体でキャリア教育を推進することができてきたといえる。それは，学生が自らの「進路」を意識しながら主体的かつ計画的に学修できるようにと，2016（平成28）年度より3学科制から1学科6プログラム制に学部が再編されたことからも伺える。学部ホームページの学科紹介の3つの特徴の1つとして，「メンター（指導教員）・キャリアカウンセラーによる導き」があげられている。広義のキャリア教育において，教職員が学生とともに歩む姿勢を示し，学生の理解と信頼を得ることが必須である。キャリア形成支援においてキャリアカウンセラーは，学生との信頼関係構築を第一とし，本人の意思決定プロセスや進路決定満足度を最優先にカウンセリングを進めるよう努めている。就職率は後に続くもの，と考えられている。

　B学部では，専門教育科目として主に以下7つの科目開設をしている。

① 「キャリア・デザイン入門Ⅰ」：1年次前期1単位
② 「キャリア・デザイン入門Ⅱ」：1年次後期1単位

　必須科目ではないが，入学者のほぼ全員が受講している。Ⅰは卒業後の進路を含め，今後どのように生きていくのか，どのような人生を歩んでいきたいかについて考える機会を提供し，自身の将来展望と学部の4年間の学びとどう紐づけていくかを具体的にすることが目的である。

Ⅱは社会人との接点を増やし，さまざまな職業を知る機会を提供することで，2年次から進んでいく出口（進路）とプログラム選択を意識し，自身の大学生活のデザインを描くことを目的としている。

③　「プログラム・キャリア・デザイン」：2年次前期1単位

受講生の学修目標とそれに向かう道筋をより明確に定められるよう，「発展演習」や「専門演習」を経て「卒業研究」で取り扱われるテーマの方向性，各教員の専門性を把握し，プログラム選択ができることを目的としている。

④　「現代社会実践論―キャリアと公務―」：2・3年次後期2単位

PBL（Problem Based Learning）形式の科目である。地域行政と連携し開講をしている。職務の中で直面している諸問題を講師が提示し，その背景を学生が追求し解決案を提示することで，「思考リテラシー」を高めることを目指している。公務に携わる人材に必要な資質とは何か，行政の直面する課題を把握し行政に対する理解を深めることを目的としている。資料4-8に授業内容を示す。

⑤　「キャリア・デザイン」：3年次前期2単位（2クラス×65名が受講）

2004（平成16）年から継続開講している。キャリアを「仕事を中心とした人生全体」と捉え，キャリア理論に基づき受講生とともにディスカッションしながら考える機会を提供することが目的である。毎回チーム編成を変更し，さまざまな価値観を共有できるよう工夫している。学生の授業評価アンケートは毎年高評価を得ているものの，学生への評価には課題があり，ルーブリックに基づいた方法を改善していく方向で進めている。資料4-9に授業内容を示す。

⑥　「現代経営実践論―企業・職種研究―」：3年次後期2単位

2004（平成16）年から継続して開講されている。同窓会の寄付講座として，経済界で活躍している卒業生が講師となり，オムニバス形式で行われる科目である。幅広い職業観を醸成することと，実社会で活躍している講師から将来なすべき課題を予見することで，勉学意欲を高める機会を得ることを目的としている。業界・企業の現況や今後の展望，仕事内容等レクチャーを受けたうえで，ケーススタディをグループで議論し発表する，アクティブラーニングの時間も

第4章　学校におけるキャリア開発と支援

資料4-8　A大学の「現代社会実践論—キャリアと公務—」の授業内容

| 回 | 内　　容 |
|---|---|
| 1 | ガイダンス（オリエンテーション） |
| 2 | 公務と公務員が置かれた現状について／グルーピング／チームビルディング |
| 3 | ミッションの伝達（外部講師からのレクチャー） |
| 4 | ミッションの確認と課題設定 |
| 5 | 課題プレゼンテーションとフィードバック |
| 6 | 行政現場における問題解決に向けたグループワーク　その1 |
| 7 | 行政現場における問題解決に向けたグループワーク　その2 |
| 8 | 行政現場における問題解決に向けたグループワーク　その3 |
| 9 | プレゼンテーションの仕方について／プレゼンテーションのリハーサル |
| 10 | 中間プレゼンテーションとフィードバック<br>グループワークの講評　反省点を洗い出し，改善点について講師を含む全員で考える<br>反省点・改善点は最終プレゼンテーションへ活かす |
| 11 | 行政現場における問題解決に向けたグループワーク　その4 |
| 12 | 行政現場における問題解決に向けたグループワーク　その5 |
| 13 | 行政現場における問題解決に向けたグループワーク　その6 |
| 14 | 最終プレゼンテーション・評価<br>反省点を洗い出し，改善点について講師を含む全員で考える |
| 15 | まとめと総評 |

資料4-9　A大学の「キャリア・デザイン」の授業内容

| 回 | 内　　容 |
|---|---|
| 1 | オリエンテーション |
| 2 | すごろく自己分析—自己開示・他者理解— |
| 3 | 何のために学ぶのか，何のために働くのか |
| 4 | 性格・職務適性検査の実施 |
| 5 | 自分にとって最も大切なもの—自身の価値観・軸（キャリアアンカー）とは— |
| 6 | ライフラインチャートから自分を知る—自身の歴史・過去の棚卸— |
| 7 | 社会人・職業人から学ぶ—A大学卒業生のライフキャリアについて— |
| 8 | ライフプランとキャリアプラン—ライフ・キャリア・レインボーと役割— |
| 9 | 人生ゲーム（ライフプラン・キャリアプラン）から今後10年間を考える—プランドハプスタンス理論— |
| 10 | 性格・職務適性検査結果フィード・バック／他人から見える自分とは—ジョハリの窓— |
| 11 | 自分の強み・弱み—自己理解— |
| 12 | DVD教材　社会人の働く現場事例から学ぶ |
| 13 | 進路を決定した先輩から学ぶ—A大学B学部生の進路・職業選択について— |
| 14 | 「大学生のマナーとモラル」を考える—労働法規について— |
| 15 | まとめ—今後の大学生活を改めて考える— |

設けている。卒業生という身近な社会人からロールモデルを発見することも主眼にある。

⑦ 「インターンシップ」：2年次以上1〜3単位（実習時間で異なる）

　事前指導としてインターンシップに行くために必要な最低限度の知識と教養を身に付ける。その後，受け入れ先での実習を経て，インターンシップから何を得ることができたのか，その後のキャリア形成においてどのように活かせるかについてポスターセッションを行っている。

## 3　大学におけるキャリア教育の今後と課題

　人生100年時代といわれている。キャリア教育の実施については職業キャリアだけでなく，ライフキャリアを中心とした視点で今後は検討しなければならない。今までは，大学を卒業したらただちに就職をするという画一的な選択が一般的であった。しかし今後は，多様なライフコースがあることも理解し，複数の組織に所属して働く，自身が起業して働く，組織に所属せずフリーランスとして働く，といった多様な選択肢があることを提示していく必要がある。

　大学のキャリア教育の担い手は，より専門性が求められる時代となってくるであろう。所属する大学，学部の教学とキャリア教育との連動性をさらに深めていく必要がある，加えて，今後，学び直しの社会的ニーズが高まってくると，若年層だけでなく幅広い年齢層に対応していかなければならない。また，働く場の拡大により，多様なキャリアに精通していることも求められる。

# Ⅵ　大学卒業後のキャリア開発と支援

　日本は生産年齢人口が激減することが予測されている。そのため，長時間労働，女性・若者の活躍，同一労働同一賃金等，働き方改革としてさまざまな議論がなされている。長寿化に伴い，70代，さらには80代まで働かなければならなくなるともいわれており，今後の人生において「職業人」という役割が大きな時間を占めるといっても過言ではない。「職業人」のスタートを切る時期で

第4章　学校におけるキャリア開発と支援

もある初期キャリアは，非常に重要であるといえる。本節ではとくに大学卒業後の初期キャリアに着目し，その後のキャリア開発と支援について述べる。

## 1　新卒者，既卒者と第二新卒者

「新卒者」とは，大学等を卒業しただちに就職する者を示す。一方，「既卒者」と「第二新卒者」は混同して使用されることが多く，明確な定義がされていないのが現状である。本項は，「既卒者」は大学等を卒業後，正規または非正規雇用にまったく就いていない者，「第二新卒者」は大学等を卒業し1年以上3年未満でその間勤務していた正規または非正規雇用の職を辞めた者，もしくは離職を希望している者，と定義する。早期離職者は「第二新卒者」に含まれる。

### (1)　新卒者と既卒者

2010年代半ばに入り，大卒者の就職環境が良くなったといわれている。2017（平成29）年度の文部科学省の「学校基本調査（速報値）」によると，**資料4-10の**とおり，2010（平成22）年は就職者割合が60.8％であったが，2017（平成29）年は76.1％と15ポイント以上増加し，大卒者の就職環境は改善されてきたといえる。一方，2010（平成22）年の19.7％と比べると2017（平成29）年は9.4％と10ポイント以上減少したものの，一時的な仕事に就いた者，進学も就職もしていない者の割合は1割近くある，と捉えることができる。

一方で，これは卒業できた学生の数字にすぎないという見方もある。中途退学者，卒業要件に満たなかった留年者も一定数存在する。それに加え，新卒者として就職活動を続けるほうが有利だと考え，単位を残して留年する学生や，卒業延期制度を利用し就職浪人する学生もいる。卒業延期制度とは，卒業要件は満たしたうえで在学期間を延長する制度のことで，大学により異なるが半年や1年，最長2年認めるところもある。このような学生が潜在的にいることは，学校基本調査からは読み取ることができない。

2010（平成22）年，リーマンショックの影響を受け，当時新卒者の就職環境が大変厳しい状況になったことから，雇用対策法第9条に基づき，厚生労働大臣が定めた「青少年の雇用機会の確保等に関して事業主が適切に対処するための

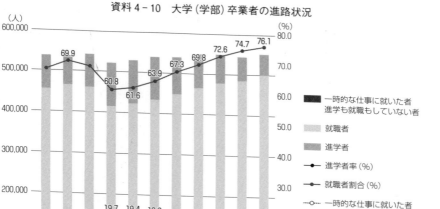

資料4-10　大学(学部)卒業者の進路状況

出所：文部科学省（2017）から筆者作成

指針」に，新卒採用にあたり，少なくとも卒業後3年間は応募できるようにすることが定められた。すなわち3年以内の既卒者も新卒者枠で応募受付ができるよう各企業に協力を仰いだ形となる。その頃から，卒業後3～5年程度を主な対象として既卒者支援を行う大学のキャリアセンターが増えた。各大学キャリアセンターのホームページには，卒業生向けページが開設されている。具体的には，キャリアコンサルタントによるキャリア相談，既卒者求人の紹介，履歴書の文章チェックや模擬面接等のキャリア形成支援を主に行っている。就職情報会社や人材紹介会社と業務提携をして卒業生へのサービスを拡充している私立大学もめずらしくない。

　大学での支援の他に，厚生労働省の「新卒応援ハローワーク」や各都道府県が設置する「ジョブカフェ」がある。厚生労働省は全都道府県にワンストップで新卒者を支援する施設「新卒応援ハローワーク」を設置している。ここでは，

第4章　学校におけるキャリア開発と支援

大学・短大・高専・専修学校の学生を含め，卒業者も対象となっている。

① 担当者を決めての個別支援（定期的な求人情報の提供，就職活動の進め方の相談，エントリーシートや履歴書などの作成相談，面接指導など）

② 職業適性検査や求職活動に役立つ各種ガイダンス・セミナーなどの実施

③ 在職者向け相談窓口，就職後の職場定着のための支援

を行っている。各都道府県は主体的に「若年者のためのワンストップサービスセンター」(通称「ジョブカフェ」)を設置し，自分にあった仕事を見つけるためのサービスが1か所で受けられる場所となっている。各地域の特色を活かした就職セミナーや職場体験，カウンセリングや職業相談，職業紹介などのサービスを行っている。

### (2) 第二新卒者

2016 (平成28) 年の厚生労働省「新規学卒者の離職状況 (平成25年3月卒業者の状況)」によると，**資料4-11のとおり**，大学卒業後3年以内の離職率は1995 (平成7) 年以降，2009 (平成21) 年を除き3割以上となっており，早期離職が長年，若年雇用の社会問題となっている。2013 (平成25) 年3月大卒者の在職期間別離職率を見ると，大卒者の卒業後3年以内の離職率は31.9%，卒業後1年以内の離職率は12.8%となっており，卒業後3年以内に離職する者のうち1年以内に離職する者の割合が多いことが示されている。ただし，この調査元は厚生労働省の雇用保険データであり，対象は事業所からハローワークに対し新卒者として雇用保険加入の届けが提出されたことが前提となっている。また，年齢と雇用保険加入時期から学歴を推計しており，さらにその離職日から離職者数・離職率を算出している。七・五・三現象をはじめとする社会問題としてとりあげられる早期離職はこの調査結果が示され，このデータを用いて多くを語られるが，ひとつの指標にはなるものの，このすべてが早期離職の実態であると明確には言い切れない。

七・五・三現象は若者の職業意識の低さを象徴する言葉として理解されており，労働観を背景にしたミスマッチ問題として捉えられてきた。「ゆとり世代」，「ストレス耐性が低い」，「安定志向」と揶揄されるように，若者の就業意

101

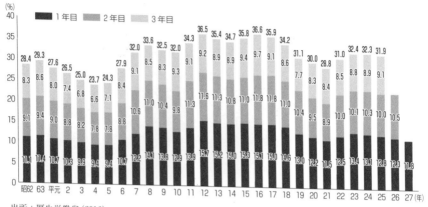

資料4-11　大学卒業後3年以内の離職率の推移

出所：厚生労働省（2016）

識が変化したために離職率が上昇しているという論調になっている。しかし，近年は「ブラック企業」といわれる違法な労働条件で若者を働かせる企業も社会的に注目され，雇用側の労務管理の問題として捉えられることも多くなった。

2017（平成29）年の労働政策研究・研修機構「調査シリーズNo.164　若年者の離職状況と離職後のキャリア形成」によると，初めての正社員勤務先を新卒3年以内に離職した理由は**資料4-12**のとおりである。離職理由として「労働時間・休日・休暇の条件がよくなかった」，「肉体的・精神的に健康を損ねた」，「自分がやりたい仕事とは異なる内容だった」ことをあげる者が多い。

4年以上勤続後の離職者に比べると，早期離職者の場合は特に人間関係という理由が多い。一方，4年以上勤務後の離職者の場合は，「結婚，子育てのため」や「会社に将来性がない」等が多く，ライフキャリアの選択と絡んだ理由があげられる。若年者は初めて職場を選ぶ際，仕事の内容と自分の個性・能力との適合性を重視しており，それらが入社後満たされなければ離職行動に及ぶといわれている。入社前に期待していたことと入社後の現実とのギャップをリアリティ・ショックと呼び，このショックが影響し離職行動につながると考えられている。

資料4−12 「初めての正社員勤務先」を離職した理由（複数選択型，性別，3年以内離職者）

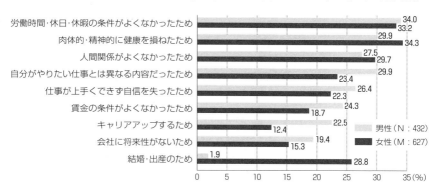

出所：労働政策研究・研修機構（2017）から抜粋し筆者作成

## 2　学卒後のキャリア開発と支援事例：A大学B学部のケース

前項で述べた背景もあり，ここ数年，大学として卒業生からの相談対応をする機会が増えた。都市近郊にある地方国立大学法人A大学人文社会科学系B学部の卒業生支援事例をもとに紹介する。A大学B学部の具体的な主な卒業生支援内容は以下のとおりである。

（1）　キャリアコンサルタントによるキャリア相談（WEB予約対応可）
（2）　主に既卒者求人の紹介（※第二新卒者求人の紹介も稀にある）
（3）　履歴書，職務経歴書の書き方レクチャー，文章チェック
（4）　模擬面接（希望があれば動画撮影可）
（5）　卒業生名簿の閲覧
（6）　OB・OGの紹介

資料4-13にA大学B学部の年度別相談件数を示す。大学側は，当初，卒業生のキャリア形成支援対象はあくまで既卒者で且つ新卒で就職できなかった人を想定していたため，就職率や進路決定満足度を考えると利用者も少ないと考えていた。

既卒者の中でも民間企業希望者よりは，公務員再受験希望者が二次試験対策（面接カードのチェックや模擬面接）を目的として来訪しているケースが多い。し

資料4-13　A大学B学部の相談件数の推移

| 年　度 | H22 | H23 | H24 | H25 | H26 | H27 | H28 |
|---|---|---|---|---|---|---|---|
| 卒業生相談件数 | 44 | 119 | 126 | 51 | 65 | 65 | 43 |
| 相談総件数 | 1,981 | 2,203 | 2,486 | 2,003 | 1,976 | 1,738 | 1,333 |
| 件数割合（％） | 2.2 | 5.4 | 5.1 | 2.5 | 3.3 | 3.7 | 3.2 |

出所：筆者作成

資料4-14　求人倍率とA大学B学部就職（内定）率・進路決定時満足度の推移

| 年　度 | H22 | H23 | H24 | H25 | H26 | H27 | H28 |
|---|---|---|---|---|---|---|---|
| 求人倍率 | 1.28 | 1.23 | 1.27 | 1.28 | 1.61 | 1.73 | 1.74 |
| 就職（内定）率（％） | 93.0 | 90.5 | 96.0 | 96.7 | 96.4 | 99.0 | 99.4 |
| 進路決定満足度（％） | 90.1 | 87.3 | 88.3 | 83.7 | 83.8 | 82.2 | 89.6 |

出所：求人倍率：リクルートワークス研究所　大卒求人倍率調査。ただし就職内定率はA大学B学部就職
　　　状況調査／進路決定満足度はA大学B学部就職活動アンケートをもとに筆者作成

かし，例年，第二新卒者からの相談も2割程度存在する。第二新卒者の中でも
すでに離職してしまった卒業生からは具体的な転職活動の相談，離職していな
い卒業生からは離職したいと思い悩んでいる相談がある。A大学B学部の卒業
生は就業ミスマッチで進路決定満足度が低かったのか，というとそういうわけ
でもない。求人倍率とA大学B学部の就職率（就職希望者に占める就職者の割合），
進路決定時の満足度の推移を資料4-14に示す。年によって変動の上下がある
ものの，A大学B学部の就職率は9割以上であり，進路決定時満足度も8割以
上が満足，やや満足と回答しており，学生にとって就職環境は良いといえる。

　既卒者だけではなく第二新卒者がなぜ，平日10：00-17：00にしか相談受付
をしていない大学のキャリアセンターへわざわざ足を運ぶのか，なぜ，相談相
手が身近な職場の上司や先輩でないのか，と疑問が残る。労働政策研究・研修
機構（2017）の「調査シリーズNo.164　若年者の離職状況と離職後のキャリア形
成」によると，「勤務先の上司，先輩社員」に相談したという新卒3年以内離職
者の回答率は，離職者全体の回答率と比較すると男女共に低かった。早期離職
者は男女共に勤務先の上司や先輩社員といった目上の人に相談する傾向が低い
といえる。今日の若年者は厳選採用され即戦力として企業に入社し，社内外で

104

大きな期待をされる。しかし，教育訓練機会は減り，配属された職場では上司・先輩はプレイングマネージャーが多く多忙で，相談するタイミングを失っているという状況も予測ができる。早期離職の背景についてはさまざまな要因があるが，学卒就職時点での就業ミスマッチの深刻化が影響し，卒業時の景気が悪かったことが若年層の離職につながっている。つまり，不運にも不況期に大学を卒業した世代は不本意就業に陥りやすく，それゆえに離職意思を高めるという「世代効果」の存在があげられる。また離職のメカニズムとして，第1に倒産やリストラ等が原因の"非自発的離職"がある。つぎにネガティブな（評価・処遇に対する不満や人間関係に対する不満をもつ）プッシュ要因とポジティブな（よりよい仕事を求めてキャリアアップの意味合いをもつ）プル要因の2つの"自発的離職"で説明されることが多い。卒業生から具体的にどのような相談があるのか，主な特徴を5点あげ，上記のどの離職（希望）にあたるのか検討する。

## (1) 職場の人間関係が原因で心身の不調が出たことによる相談

「上司から手取り足取り指導してもらえるが，予想以上に時間を拘束され，毎日終電もなくなるような時間まで仕事をして，心身ともに疲れている」，「上司から公私共に依頼されることが多く断ることができなかった。ライン引きが自分では難しく色々なことをすべて引き受けてやってきてストレスが蓄積され，仕事に行けなくなってしまった」，「職場の先輩と相性が悪くモチベーションが保てない。コミュニケーションが取りづらく仕事にもミスが目立ってきた」

入社年次にかかわらず，比較的よくある相談内容である。相談にくる頃にはすでに心身の不調が出てしまっているケースが多い。心身の不調が出てしまった場合は医療機関に受診してもらうことが前提となり，治療に専念する必要があるといえる。しかし，回復期は社会との接点を見出す場所として大学という存在が，安心できる居場所づくり，社会参加への準備サポートを果たせる可能性がある。休職中で回復期にゼミ運営の手伝いや講義サポートをしたいと希望する卒業生，回復期でなくても家で引きこもっているとだめだからと大学に顔を出す卒業生もいる。このように，回復期の社会との接点を見出す場所，リハ

ビリの場所として，希望があれば卒業生ボランティアとして大学側が受け入れることができるのではないか。

### (2) 入職前に聞いていた内容と配属された現場での実態が異なっているという相談

「採用担当者を信頼していたし，いい会社だと思っていたが，求人票に記載されている内容と異なっていた」，「実態を理解していると思っていたが，仕事がこんなにキツイとは思っていなかった」，「ノルマはないと聞いていたが，現場では少しずつ目標達成にこだわるように指摘される」

入社1年目の卒業生に多い相談内容である。大なり小なりリアリティ・ショックを避けることはできない。それは，日本の新卒採用は"メンバーシップ型"採用が基本だからである。欧米は先に働く場所条件や職種に関する労働契約が前提としてあるが，日本はメンバーにするかどうかを先に決め，入社してから条件を次々に課すことが当たり前となっている。この制度と若者の価値観とのズレが生じて，仕事内容や労働条件のショックが大きく作用してしまう可能性が高いといえる。

### (3) 自身の会社がブラック企業ではないか，こういったことは他でもありえるのかという相談

「試用期間の終わり頃になり，仕事ぶりを半年間見せてもらったが本採用は難しいと，正社員ではなく，契約社員もしくは派遣社員に切り替えると言われた」，「同族経営の会社で，役員クラスは全員身内。外部からきた人に対する圧力がすごく，上司がうつ状態にある。また，自分の周りで辞めた人の多くもうつ状態にあり，正常ではない。休みも月2回程度，残業月100時間しても残業代も出ない」

入社1年目の卒業生に多い相談内容である。2015（平成27）年10月に「青少年の雇用の促進等に関する法律（若者雇用促進法）」が施行され，厚生労働省はそれに伴い「青少年の雇用機会の確保及び職場への定着に関して事業主，特定地方公共団体，職業紹介事業者等その他の関係者が適切に対処するための指針」を示しているが，悪質なブラック企業はなくならない。法律の施行は第一歩で

あり，雇用側の求人票情報が本当に正しいかどうか，良い情報ばかりでなく悪い情報もしっかり提供できているか，を大学のキャリア形成支援の担当者がしっかり確認する必要がある。求人票に関しては大学個々の対応ではなく，雇用側に求人票に関する記載事項やその内容を確認，問題があれば指摘できる共同機関の設立を検討していくべきであろう。また，就職情報会社の正確な情報提供も努力義務ではなく，政府や自治体が関与し更に厳しく指導していく必要があるといえる。

### (4) 本当にこのままでいいのか，不安で仕方ないという相談

「仕事は可もなく不可もなく続けている。地方の田舎で日々やっているが，友人たちは皆色々なところで活躍している。スキルアップすることもなく，このままのゆるい環境にいていいのか不安になる」

### (5) 組織内にロールモデルが不在でこのまま続けていくモチベーションが保てないという相談

「3年近く会社にいて20年後の自分のキャリアが見えてしまい，複数の上司を見てあのようにはなりたくない，と思っている」，「2年近く働いて，あんな先輩・上司になりたいと思える人が見つからない。このままここで働いてもこれ以上成長できないと感じた」

(4)や(5)に関しては，入社2〜3年目に多い相談内容である。中長期的な視点でキャリアを考えることができるようになる時期でもある。2〜3年目の早期離職者は，今後の昇進やキャリア展望に将来性を感じることができないことが離職要因の大きなポイントであり，労働条件の中でも拘束時間に大きなギャップを感じている。大学としてできることはなかなかないが，働きやすい環境整備やワークライフバランス施策の推進，部署間を越えた人材交流や社内人材のライフビジョン・キャリアビジョンを可視化し提示することを，企業側に提案することはできるであろう。(4)や(5)の相談から離職する決心をした場合，転職活動の支援へ移行するケースが多いが，なかには起業を志望する卒業生もいる。A大学では，現在，創業／起業支援担当教員が窓口となり，地元行政とも連携し，現役生だけでなく卒業生の相談も受け入れている。

以上の相談事例から，一部，創業／起業支援を希望するポジティブ要因の自発的離職（希望）者も存在するが，大学に来訪するほとんどの卒業生はネガティブ要因の自発的離職（希望）者である。

## 3　学卒後のキャリア開発と支援における提案と課題

大学でのキャリア形成支援には限界があり，具体的な解決ができるわけではない。しかしながら学卒後のキャリア形成支援において，カウンセラーやコンサルタントは傾聴し感情に寄り添う，卒業生の主訴を整理しフィードバックする，といったカウンセリングには対応ができる。また，数年の社会人経験があってもまだまだ未熟であるため，不足している知識を補うというアドバイス，ガイダンスといった機能を担うことや，他の連携機関へリファーすることも可能である。それに加え，終身雇用制度が崩壊し，各個人にエンプロイアビリティが必要となり，働き方も多様化する時代の中では，再度，専門的知識や技能を身に付けたり，創業／起業支援も含めた職業準備教育といったエクステンション機能としても，今後ますます社会から要請される機能であるといえる。

しかしながら，学校教育の現場では，教員のボランタリーで機能していることが多い。今後，大学は「卒業後のことは知らない」というスタンスではなく，既卒者および第二新卒者への支援可能な制度設計をしていく必要があるだろう。本来は労働行政が担うべきところだとはいえ，近年は学校教育で補完せざるをえなくなっているのが現状である。

# Ⅶ　雇用に関する権利と義務

産業構造の変化とそれに伴う職業の種類の変化，さらに個人の職業適性など，職業指導に必要な基本的な知識について説明してきたが，現実の仕事についてみれば雇用者と被雇用者との間には，さまざまなトラブルがある。労働者を保護するために労働基準法（以下，この章では労基法と略す）という法律があることは知っていても，具体的問題になるとどうすればよいのかわからない若者

第4章　学校におけるキャリア開発と支援

は多い。両者の間には種々の問題が起きた場合にどうすればよいか，採用内定から入社，退社に至るまでのプロセスの中で，生徒や学生から相談を受けることの多い問題について説明する。

## 1　採用内定をめぐる問題

　採用の内定は一般に，募集→応募→選考→内定通知→内定承諾（解雇権留保付採用）→入社（採用）のプロセスをたどるが，この中で内定というのは解雇権留保付の採用であることを知っておく必要がある。これは，1979（昭和54）年7月の最高裁の判決により，応募という労働契約の申し込みに対して，使用者が内定通知により承諾の意思表示をしていれば，労働契約が成立していると解される内容である。ただし，使用者のほうに労働者に対する解雇権が留保されているというものである。どのような場合が該当するかといえば「内定当時では知ることができず，また知ることが期待できない事実であり，客観的合理的に社会通念上，是認することができないもの」に限られている。内定者の場合は

(1)　予定どおりに学校を卒業できなかった。

(2)　病気や怪我でなどで，健康状態が極端に悪化し勤務に耐えられなくなった。

(3)　履歴書など提出書類の記載内容や面接内容に事実と異なる重大な相違があった。

などである。また，雇用者も企業の存亡に関わる問題のような場合を除いて，安易に内定承諾者の内定取り消しはできない。高校の場合は学校に連絡があるはずであるが，大学などで直接本人に内定取り消しの連絡があるときは，すぐに返事せず学校の担当者や安定所と十分に相談して対応する必要がある。内定の通知は文書で受け取り，それに対して承諾書を提出することで法的に内定は成立する。電話や口頭だけの連絡は，法的根拠が明確でないので注意しておく必要がある。

109

## 2　賃金や労働条件に関わる問題

### (1)　賃金関係

就職して誰しも気になるのは賃金の問題である。労基法24条には賃金の支払いについて5原則を定めている。

① 　通貨支払いの原則：賃金は通貨でなくてはならない。法令等に別段の定めのある場合，または労働協約の定めのある場合は現物支給も認められるが，そのような例はほとんどない。

② 　直接払いの原則：賃金は直接本人に支払わなければならない，口座振込みの場合は本人名義の預金口座でなくてはならない。

③ 　全額払いの原則：賃金は法令などに定めのある税金，社会保険料などを除いて全額が支払われなければならない。ただ，労使間の協定により，組合費，社内預金などは控除することが認められている。

④ 　毎月1回以上の支払いの原則：賃金は最低毎月1回以上で支払わなければならない。ただし，賞与などの臨時的賃金は含まれない。

⑤ 　一定期日支払いの原則：賃金は一定の期日に支払わなければならない。例外はない。

企業の倒産などにより，賃金が支払われないままに退職した場合は国が事業主に代わり労働者に賃金を立て替えて支払う「未払い賃金立替制度」がある。

### (2)　労働条件関係

高校以下の学校の場合は，求人票に細かく労働条件が記載されており，採用後に就職前に聞いていた労働条件と異なっているという問題は少ないが，大学などで条件があいまいなまま就職し，入職前に聴いていた内容と違うといった問題が起きることがある。採用が内定したら，「労働条件通知書」を受け取っておくことが大切である。通常は事業所から送られてくるが，来ない場合は請求することが大切である。内容は労働時間，休日，休憩，賃金，社会保険の加入状況などが詳しく記されている。これは働く場合の契約書なので，よく読んでおき不審の点は確かめることが必要である。この「労働条件通知書」が出ない事業所があれば最寄りの安定所，あるいは労働基準監督所に連絡し，「労働

第 4 章　学校におけるキャリア開発と支援

条件通知書」を受け取り正確な労働条件を知っておく必要がある。

## 3　社会保障関係

　求人票などに社会保険完備と書いてあるのをよく見るが，これには 4 種類ある。その主な内容は資料 4 -15のとおりである。

### (1)　労災保険（労働者災害補償保険）

　労働者が業務上または通勤途上による負傷，疾病，障害，死亡などの事故が起きた場合に労働者災害補償保険法（労災保険）の適用が受けられる。療養，休業，傷病，障害，介護，遺族給付，葬祭料などが受けられる。通常の場合，業務上の怪我などにより治療を受けるときは全額が，休業のときは 8 割が給付される。

### (2)　雇用保険

　勤務する事業所の倒産や事業縮小などにより労働者が失業した場合は基本手当てが支給される。また，職業に関する技術・技能を身に付けたい場合は教育訓練給付が行われる。この保険の事業所の加入条件は資料 4 -15のとおりであるが，個人としての加入条件の大略は以下のとおりである。

　　①　　1 年以上雇用される。

### 資料 4 -15　事業所の社会保険の任意・強制適用区分

2017.10現在

| 保険制度 | 雇用人員 5 人未満の<br>個人事業主 | 雇用人員 5 人以上の<br>個人事業主 | 法　人<br>（雇用人員無関係） |
|---|---|---|---|
| 労災保険 | 農林水産業のみ任意適用，他の産業はすべて適用 | 強制適用 | 雇用人員に関係なくどの業種も強制適用される。 |
| 雇用保険 | 農林水産業のみ任意適用，他の産業はすべて適用 | 強制適用 | |
| 健康保険 | 法定16種*の業種のみ任意適用，後はすべて強制適用される。 | 強制適用 | |
| 厚生年金 | 法定16種*の業種のみ任意適用，後はすべて強制適用される。 | 法廷16種の業種*のみ任意適用，後はすべて強制適用される。 | |

　＊　法定16種の業種：保健医療業，製造業，土木建築業，運送業，社会福祉事業，鉱業，電気供給業，金融保険業，清掃と殺業，物品販売業，貨物積み下ろし業，教育研究・調査業，更生保護事業，通信報道業，保管賃貸業，媒介周旋業
　出所：労働政策研究・研修機構編『労働関係法規集（2018年版）』より筆者作成

資料 4 -16　雇用保険基本手当ての給付日数（自己都合や定年定職の場合）

2017.10現在

| 退職時の満年齢 | 被保険者であった期間 | | |
|---|---|---|---|
| 65歳未満 | 10年未満 | 10年以上20年未満 | 20年以上 |
| 支給日数 | 90日 | 120日 | 150日 |

＊　満65歳以上の場合は被保険者の機関が1年未満は30日分，それ以上は50日分一括支給になる。
出所：資料4-15と同様

資料 4 -17　倒産解雇など離職を余儀なくされた人（特定受給資格者）

2017.10現在

| 離職時満年齢 | 被保険者であった期間 | | | | |
|---|---|---|---|---|---|
| | 1 年未満 | 1 年以上<br>5 年未満 | 5 年以上<br>10年未満 | 10年以上<br>20年未満 | 20年以上 |
| 30歳未満 | 90日 | 90日 | 120日 | 180日 | |
| 30歳以上35歳未満 | | | 180日 | 210日 | 240日 |
| 35歳以上45歳未満 | | | | 240日 | 270日 |
| 45歳以上60歳未満 | | 180日 | 240日 | 270日 | 330日 |
| 60歳以上65歳未満 | | 150日 | 180日 | 210日 | 240日 |

出所：資料4-15と同様

②　1 週間当たり20時間以上働いている。

③　派遣社員，機関契約社員でも 3 か月以上の契約をし， 1 年以上雇用される。

　支給される条件は資料 4 -16〜 4 -18に示したとおりである。自己都合で退職した場合と，倒産や解雇で離職した場合とでは支給期間に違いがあるので注意しておく必要がある。

### (3)　健康保険

　健康保険とは労働者が業務以外の理由により病気，怪我，出産，死亡について被保険者とその扶養する家族に保険給付する制度である。大別して以下のように支給の区分をすることができる。

①　病気や怪我の場合：本人及び扶養家族の治療費，入院時食事・生活療養費，訪問看護療養費等に支給される。

②　立替払い：高額療養費の立替払いなどがなされる。

第 4 章　学校におけるキャリア開発と支援

## 資料 4 -18　国民年金の種類

2017.10現在

| | 加入者 | 加入の届け先 | 保険料の納付先 |
|---|---|---|---|
| 第一号<br>被保険者 | 第二号，第三号以外の20歳以上60歳未満の人の全員自営業者とその配偶者，学生，無職の人 | 住所地の市町村役場又は社会保険事務所に自分で届けをする。 | 口座振替，納付書により自分で国へ納める。 |
| 第二号<br>被保険者 | 厚生年金の適用事業所〔一般の民間企業〕と公務員 | 勤務先が加入の届けをする。 | 本人と事業所の折半負担となる。保険料は給与などから控除後事業所がまとめて国へ納付する。 |
| 第三号<br>被保険者 | 第二号に扶養されている20歳以上60歳未満の被扶養配偶者 | 配偶者の勤務先に届ける。 | 保険料の負担はない。 |

出所：資料 4 -15と同様

③　傷病手当金：病気療養などのため，仕事を休んだときに支給される。
④　出産手当金：出産，育児の一時金や出産費用の一部が支給される。
⑤　埋葬量：被保険者や家族が志望したときに支給される。
⑥　その他：退職後に出産手当金など条件に応じて支給される。

### ⑷　国民年金

　国民年金の制度は憲法25条に規定された生存権の保障の項により国が制度の運用をしている。年金に関してはさまざまな問題があることは事実であり，その改定が論議されているが，高齢社会の中で働けなくなった人の生活を支える大切な制度であることは間違いない。制度上の問題などで年金を払わない人もいるようであるが，万一の病気や事故で障害が残るような場合は障害年金が支給される。

　被保険者本人の死亡の場合はその妻や子に遺族年金も支給される制度もある。このことを十分に理解して安易に保険料を払わないことのないようにしたい。年金制度には大別して**資料 4 -18**に示したように 3 種ある。

　以上雇用と労働に関する問題の概略について述べた。不況下になると労働問題が頻発する。労働者を守るさまざまな法や制度があることを十分に理解し，一方的な事業主の言い分を鵜呑みにしないことが必要である。問題が生じたと

きは学校のキャリア支援の窓口，安定所，労働基準監督署などの機関と相談してから対応することは忘れないでほしい。各都道府県には各種の相談機関があるが，代表的なものは以下のとおりである。

① 社会保険事務所：社会保険事務所で国民年金，健康保険などに関する相談ができる。

② 労働基準監督署：各都道府県に設けられた労働委員会により労働問題のあっせんと調停がなされる。

③ 中小企業労働相談所：労働問題に関する相談と助言がなされる。

④ 非正規労働ホットライン：非正規労働者に対する相談と助言がなされる。

⑤ 女性総合センター：女性労働者に対する労働相談，セクハラ問題などの相談，助言がなされる。

⑥ ジョブパーク総合相談室：就業支援の活動が行われている。

　基本的なものだけをあげたが，名称が都道府県により異なる場合があので，各地方自治体の広報などに注目しておきたい。


**【参考文献】**

内橋克人ほか編『就職・就社の構造（日本会社原論4）』岩波書店，1994年

寺田盛紀『キャリア形成就職メカニズムの国際比較——日独米中の学校から職業への移行過程』晃洋書房，2004年

国立大学協会教育・学生委員会「大学におけるキャリア教育のあり方——キャリア教育科目を中心に」2005年

斉藤武雄ほか編著『工業高校の挑戦——高校教育再生への道』学文社，2005年

文部科学省初等中等教育局児童生徒課「高等学校におけるキャリア教育の推進に関する調査協力者会議報告書」2006年

山田昌弘『新平等社会——希望格差を超えて』文藝春秋，2006年

谷内篤博『働く意味とキャリア形成』勁草書房，2007年

日本キャリア教育学会編『キャリア教育概論』東洋館出版社，2008年

斉藤武雄・佐々木英一ほか編著『ノンキャリア教育としての職業指導』学文社，2009年

太田聰一『若年者就業の経済学』日本経済新聞出版社，2010年

植上一希『専門学校の教育とキャリア形成——進学・学び・卒業後』大月書店，2011年

全国商業学校長会「キャリア教育・職業教育の在り方について——生徒のよりよい進路実現を目指して」2011年

中央教育審議会「今後の学校におけるキャリア教育・職業教育の在り方について（答申）」

第4章　学校におけるキャリア開発と支援

2011年

乾彰夫編『高卒 5 年　どう生き，これからどう生きるのか──若者たちが今〈大人になる〉とは』大月書店，2013年

国立教育政策研究所生徒指導・進路指導研究センター「キャリア教育・進路指導に関する総合的実態調査第一次報告書」2013年

児美川孝一郎『キャリア教育のウソ』筑摩書房，2013年

濱口桂一郎『若者と労働「入社」の仕組みから解きほぐす』中央公論新社，2013年

日本キャリアデザイン学会監修『キャリアデザイン支援ハンドブック』ナカニシヤ出版，2014年

藤田晃之『キャリア教育基礎論』実業之日本社，2014年

藤岡秀樹「日本におけるキャリア教育の研究動向と課題」『教育実践研究紀要』15巻（京都教育大学），2015年

浮舟邦彦「滋慶学園グループの「キャリア教育」について」『私学経営』496号，2016年

厚生労働省『新規学卒者の離職状況（平成25年 3 月卒業者の状況）』2016年

鈴森剛志『コミュニケーションスキルアップ検定』滋慶出版，2016年

労働政策研究・研修機構「調査シリーズNo.164　若年者の離職状況と離職後のキャリア形成（若年者の能力開発と職場への定着に関する調査）」2017年

文部科学省「平成29年度学校基本調査（速報値）」2017年

# ■第5章

# 世界のキャリア開発と支援

　前章まで日本社会におけるキャリア開発について説明してきた。日本の場合は「学校から仕事の世界への指導，相談，紹介，援助」も含めた実務は，法的には文部科学行政の管轄下である学校が，本来の教育の職務に加えて，厚生労働行政に係る部分を委託された形で実施されている。その内容は後期中等教育までの場合は，職業安定法と，学校教育法施行規則に基づいて設けられた「学習指導要領」を基盤としている。大学等の場合「学習指導要領」はないが基本的なシステムは共通している。このような制度は，世界的に見て決して一般的なものではない。また，キャリア開発・教育等の概念も国際的に共通して理解され使用されているとはいえない。

　したがって本章では「学校から仕事への世界への移行」の内容について，それぞれの担当者が各国の状況を紹介する立場から解説している。紹介する国は，アメリカ合衆国，ドイツ等を中心とした欧州，それとアジアでは中国である。それぞれの地域の特色と日本との違いを比較し理解してほしい。

## Ⅰ　ヨーロッパのキャリア教育・支援

### 1　ヨーロッパ社会の変化

　1990年代以降加速したグローバリゼーションは，世界的規模で国境を越えて人，物，資本，情報の流動化が一般化する社会を生み出した。ヨーロッパとくに西ヨーロッパでは，悲惨な第二次世界大戦の教訓に基づき，独仏を中心にヨーロッパ共同体（EU）を作る動きが早くからあった。当初，経済活動の促進から始まったEUはその後，域内でのパスポートなしでの出入国，共通通貨

117

ユーロなど国境を越えるヨーロッパの一体化が進んだ。その後、ソ連・東欧の社会主義の崩壊によって、東欧諸国の加盟が進むなどEUは順調に拡大していくと思われた。しかし、2010年代に入り、ギリシャの財政危機や、北アフリカ、中東の民主化に伴う混乱に伴う難民のヨーロッパ流入などにより、EUを離脱し、自国の利益を優先する動きも目立ってきている。しかし、こうした逆流も長期的に見れば一時的なものと考えられる。

国境を越える流動化が最も進んでいる地域としてのヨーロッパは、今後の社会のあり方への模索として多くの経験と教訓をわれわれに与えてくれる地域である。このことは、わが国のキャリア支援を考えていく上でも重要である。

ヨーロッパ社会、とくに西ヨーロッパ先進諸国はさらに大きな変化に直面している。前世紀末からのいっそうの流動化の中で、キャリア支援に関わる教育や労働が大きく変化している。以下で、教育と労働の変化について見ていこう。

## (1) 教育・学校制度の変化

まず、教育・学校制度の変化に関しては、中等教育段階での伝統的な大学進学のためのアカデミックなコースと、職業教育コースの分離を縮小する動きが顕著となっている。とくにわが国の中学校にあたる前期中等教育段階では、早期の進学向きコースと就職向きコースの分離（たとえばドイツでは10歳時点で選択）を廃止ないし緩和し、選択年齢を遅くし、また両コースの教育内容の総合化を図る動きが大勢となっている。

そして2000年代以降は、知識基盤社会論に基づく高等教育の拡大政策により、大学進学者の増加が見られる。1999年のボローニャ宣言は、学生がEU内の大学で国境を越えて自由に学べる状況を作り出すべく、各国の大学制度を共通のものにし、人材の流動化を可能とした。それまで、早くから大学を含む高等教育の大衆化を図ってきイタリア、スペインさらに北欧諸国では、今世紀に入ってからの教育政策にもさほど大きな変化は見られなかったが、まだエリート的な大学観の強かったドイツやフランスでは、現在もなお大学の大衆化への移行途上にあるといえる。

高等教育進学者の増加は、中等教育段階での職業教育のあり方にも大きな変

化を引き起こす。ヨーロッパの多くの国では，仕事に就くには職業資格が必須条件とされており，大学に進学しない者は，中等教育段階で職業教育を受け，卒業までに職業資格を取得するのが通例である。この職業資格を取らずに社会に出た場合は，不熟練労働者としてさまざまな不利を被る。したがって，ヨーロッパの中等教育は基本的に，大学入学資格か職業資格を得るところと考えるべきである。高等学校を職業資格を得ずに卒業することが通例であるわが国と比較するときに，この点が重要である。また通常，高等教育への進学にあたっても，ヨーロッパではわが国の高等学校にあたる教育機関の修了時に修了試験があり，これに合格しなければ進学できない。この点も留意する必要がある。

　高等教育進学者の増加は，ヨーロッパでは意図的に政策として推進されているが，その影響はさまざまな問題を引き起こしている。まず，多くの若者が高等教育を目指す中，相対的に中等教育での職業教育が弱まっている。伝統的に学校で職業教育を行っていたフランス，イタリア，スペインなどと比べて，デュアルシステムと呼ばれる実際の職場での訓練を中心とする徒弟制（apprenticeship）が主であるドイツ，オーストリア，スイスなどの国では，中等教育段階での職業教育は今大きな課題に直面している。具体的には，デュアルシステムでの職業教育の中で，高等教育に進学できる制度を整備したり，就職してからの実務経験を高等教育入学時に勘案する制度を設けたりして，職業教育の魅力をアピールする政策を取っている。

　一方，多くの若者が高等教育に進学する中，高等教育でのドロップアウトも増加しており新たな問題となっている。

　これらの教育・学校制度の変化はキャリア教育・支援にとって重要な課題を提起している。

### (2)　労働の変化

　労働の世界の変化は，キャリア支援に直接的な影響を及ぼす。すでに述べたように，資格社会であるヨーロッパの多くの国では，中等教育に進む時期あるいは前期中等教育終了時に大学進学か就職かを決める。就職の場合かなり細かい職種も決定し，それに向けた職業教育を受けて職業資格を取得することが通

例である。そしてその後，その職種で労働生活を送ることが一般的であった。しかし今日，労働生活全体を通じて同一の職種で暮らすことは少なくなりつつある。産業の変化の速度が高まり，国境を越える分業の広まりが，絶えざる職種の変動を生み出す。

さらに，EU域内での人の移動が緩和され，とくに人件費の安い東欧諸国への工場移転や，逆にそこからの労働力の流入が，かつての西ヨーロッパ諸国の安定した職場を揺るがしている。近年はこれに加え，非ヨーロッパ地域からの難民の流入が職業世界の混乱を加速させている。

一般的に，ヨーロッパなどの先進諸国では，製造業が中心であった社会から，情報や知識，サービスを主とする産業に経済の中心が移り，産業構造が変化しつつある。教育の変化で見た高等教育進学者の増加も，このことを背景にしている。

こうした労働世界の変化は，青年期にある職種を選択し，その職業資格を得て安定した職業生活を送るという従来のヨーロッパのライフパターンの変更を迫っている。すなわち，労働生活も，一生を通して学習と仕事を選択し，変えていく複雑な過程へとなりつつある。その結果，キャリア支援はもっぱら，学校から仕事への移行期に焦点を当てた取り組みというよりも，生涯を通して必要とされる課題となっている。

## 2　キャリア教育とキャリアガイダンス・カウンセリング

ヨーロッパでは，キャリア教育という言葉は比較的新しい。それよりもキャリアガイダンスとキャリアカウンセリングという用語が多用されている。両者を合わせてキャリアガイダンス・カウンセリングという場合もある。キャリアガイダンス・カウンセリングは，工業化が急速に進んだ20世紀初めに世界中で広がった政策的取り組みであった。キャリア教育は，キャリアガイダンス・カウンセリングのうちとくに，児童・生徒・学生に対象を絞ったキャリアガイダンス・カウンセリングの取り組みであると理解できる。

上に見たように，生涯を通じたキャリアガイダンス・カウンセリングは，学

校教育におけるキャリア教育と卒業後の労働生活における継続的な支援によって成り立つ。かつては学習はもっぱら学校時代の活動とされていたが，今日，職業活動を続けていくために，一時的に労働生活から離れて新たに学習活動に専念することも必要になってきている。そのための学習機会の情報提供と，その間の生活費の保障を含めた支援など，キャリアガイダンス・カウンセリングは，単なる相談活動を超えた総合的な労働生活支援となってきている。2003年EUはリスボン戦略を決定し，来たるべき知識社会・知識経済への移行に向けた人材の育成と，継続的なスキル更新の推進を目指すために，「生涯にわたるキャリアガイダンス」を進めることを決定した。

　こうした総合的なキャリア支援は，大別して教育行政と労働行政が担うが，その分担と協力のあり方は各国によって異なる。フランスでは両者の協力の下，生涯にわたり公的なキャリアガイダンス・カウンセリングを含むキャリア支援を受ける権利が法律で定められており，中等教育段階では全生徒が個人向けのキャリアガイダンス・カウンセリングサービスを受ける。

　またドイツでも，中等教育段階で学校と地域の雇用問題所管機関と協力して学校でのキャリアガイダンス・カウンセリング活動を行っている。

　以下では，ヨーロッパ各国の教育機関でのキャリア教育を中心にいくつかの例をとりあげて，ヨーロッパにおける現状を概観していく。


## 3　キャリア教育

　OECDの2006年の国際学力調査によると，ヨーロッパでキャリア教育（キャリアガイダンス）が正式に学習カリキュラムに組み込まれている中等学校の割合は，以下のようになっている（フランスは含まれていない）。

　90％以上：ノルウェー，ギリシャ，フィンランド，イギリス

　80％以上：オランダ，スペイン，デンマーク

　70％以上：スウェーデン，スイス，チェコ，イタリア

　60％以上：ルクセンブルク

　50％以上：オーストリア，ドイツ，アイルランド

40％以上：ベルギー

30％以上：ハンガリー，スロバキア

20％以上：ポルトガル

　もちろん正式のカリキュラムに含まれてはいないが，キャリアガイダンス・カウンセリングを含むキャリア教育はほぼすべての学校で行われていることは予想されるが，正規の学習時間として組み込まれている学校の比率が高い国ほど，キャリア教育への自覚が高いことは推測できる。

　キャリア教育の目的は，たとえばイギリスでは，自己認識（self-awareness），機会認識（opportunity awareness），意思決定学習（decision learning）そして移行学習（transition learning）の４つである。これは，頭文字を取ってDOTSモデルといわれる。すなわち，自己の特性を理解し，進路先の現実可能性を把握し，いくつかの選択肢からひとつを決定し，それに向けての移行の具体的な準備を行うことができるスキルと態度を形成することである。このような学習プログラムを系統的に行う取り組みが多くのヨーロッパ諸国でポピュラーになりつつある。デンマーク，ドイツ，ギリシャ，オランダなどでは生徒にキャリアガイダンス・カウンセリングを与えるカリキュラムをもっている。

　具体的な方法はいくつかに分けられる。ひとつは，教科の中で取り組まれる方法である。たとえばドイツでは，州により異なるが労働科，経済－社会科，家政科などの教科で教えられる。

　さらに労働学習（work study）といわれる職場体験や職場訪問などの体験活動がある。ドイツでは上に述べた教科学習の中に職場体験・訪問・調査が組み込まれており，かなり長期にわたり職場で学習する。こうした体験を進路決定に役立てることが狙われている。

　最後に，キャリア教育は最終的に個々の生徒の進路決定に生かされることから，個別的な進路決定と移行に結実しなければならない。この場面ではキャリアガイダンス・カウンセリングが中心になる。ここでは，労働市場情報を含むキャリア情報の提供，個別相談などが中心となる。最近まで，多くのヨーロッパ諸国では，キャリア教育は大学に進学しない者のために必要と考えられてき

たが，近年は進学者も含めた取り組みが必要と考えられている。それには，大学進学者の増加に伴い，深刻化しつつある大学中退者の増加が背景にある。大学中退の背景には，中等教育在学中に正しい情報を得ないまま進学した結果，大学での勉学が想像したものと異なったり，学力不足でついていけなかったりする学生が急増していることがある。こうした学生への支援が，ようやく大学で始められているが，本来ならば中等教育段階で十分な情報が与えられるべきであろう。

## 4　リスクの高い若者への取り組み

　すでに見たように，ヨーロッパ社会のこの間の変化の中で，社会的・経済的に厳しい状況にある若者の自立が年々難しくなってきている。ヨーロッパの伝統的な大衆層の若者の自立は，義務教育段階を終えた後，徒弟制度のある国では徒弟として数年の訓練を経て熟練資格を取って自立するか，徒弟制度のない国でも同等の訓練期間を経て職場内で徐々に昇進していくコースが通常のキャリアコースであった。しかし，こうしたキャリアコースは，前世紀末から大きく変化し始めた。とくに多くの大衆青年を吸収していた製造業の縮小は彼らの自立に大きな変化をもたらした。それが顕著に現れたのはイギリスであった。イギリスは，1980年代から造船，自動車，鉄鋼などの製造業の衰退が始まり，産業の中心が金融やサービス業に移行した。これらの分野では製造業と異なるコンピテンスが必要とされ，多くの若者の失業が深刻な社会問題となった。いわゆるニート問題である。ニート問題では，学力面で勝り，コミュニケーション能力に長ける女子のほうがキャリア面で有利に機能するともいわれ，男子のほうが深刻化しているとの指摘もある。イギリスほど急激ではないにせよ，他のヨーロッパ諸国でも同様の変化があった。

　リスクグループは学歴も低く，社会状況の変化にも疎く放置すれば社会にとって大きな損失になる。かれらは進路選択においても，学校との接点が乏しく，仕事探しも家族や狭い交友関係などのインフォーマルなネットワークに頼りがちである。この傾向は，家族・親戚などの結び付きの強いスペインやイタ

リアなどでは，個人主義的なオランダなどと比べいっそう強くなるという。その結果，不安定な労働生活から抜け出せない悪循環に陥る。キャリアガイダンス・カウンセリングこそが，この悪循環を断ち切る有力な手立てとなるはずである。しかし，従来この取り組みは必ずしも成功していない。それは，かれらには公的サービスに対する不信があり，キャリアガイダンス・カウンセリングが十分機能しないからである。イギリスは，これまでのアプローチを改め，かれらの心情とニーズにあったさまざまな方策を用いて，かれらのキャリア支援に乗り出している。イギリス以外にも，ドイツ，フランスなども似たような手立てを取っている。その共通点は，学校在学中からリスクの予想される生徒に対し，学校・教育部門以外の社会福祉・労働行政関係者と協力し，個人的な関係を作りつつ，かれらの生活全体を視野に入れた援助方策を考えることである。

　従来からヨーロッパに住んでいる若者に加え，リスクを抱えるもうひとつの大きなグループが移民や難民の若者である。ここ数年，急増したかれらの教育・労働問題は深刻である。かれらは一般に，言語面，文化面，宗教面でヨーロッパ人と異なり，最近のナショナリズムの高まりもあり，放置すればヨーロッパ社会の混乱につながりかねない問題をはらむ。国際化が格段に進んでいるヨーロッパでは，2015年で総人口に占める外国生まれの移民の人口は，総人口比でスイス28.3％，オーストリア16.7％，ドイツ12.8％，イギリス12.3％，フランス11.9％と軒並み1割を超えている。ちなみに日本は1.1％である。

　移民・難民を労働社会に統合するためには，早期から言葉の問題を含め総合的な社会政策が必要である。とくに，学校教育場面での手厚いフォローが重要であり，義務教育段階でのドロップアウトを防ぎ，上級段階への進学と熟練資格取得のための職業教育へとつなげることが喫緊の課題である。各国は，ハイリスクの若者をターゲットに，さまざまな取り組みを行っている。

　以下では，こうしたヨーロッパの状況の特徴に留意しつつ，イギリス，フランス，ドイツの主要3か国のキャリア支援についてみていこう。

## (1) イギリスのキャリア支援

　上に見たようにイギリスはいち早く製造業の基盤がなくなり，大きな経済社

会構造の変化を経験した国である。その結果ニート問題が深刻化していた。1997年のブレア政権誕生以後，この変化に早急に対応すべく，強力に教育改革に取り組んだ。先進諸国の中でも義務教育段階で学校を去る者が多かったが，これを改め16歳以降の若者が教育・訓練を継続する比率を90％以上にするという目標が掲げられた。その後も19歳まで切れ目のない教育・訓練への参加を保障する政策が進められ，高等教育への進学者の増加も図られた。

　この改革で大きな役割を果たすとされたのがキャリア教育であった。1997年の教育法では学校での実施が義務付けられた。キャリア教育はガイダンスと合わせてキャリア教育・ガイダンスとして行われ，2004年にイングランドでナショナルカリキュラムに組み込まれた。その目標は，若者が自己のキャリアを計画・管理・マネジメントを行うのに必要な知識とスキルを身に付けることである。学校でのキャリア教育はキャリア情報の提供，キャリアガイダンス，職場体験などの職業関連学習で構成される。主として教師が行うが，コネクションズなどの外部のスタッフが行うものもある。これは2012年のキャリア教育に対する枠組みの変更に伴い義務化されたが，従来よりも学校の責任がより強くされた。

　イギリスの特徴は，キャリア教育のプログラムの作成と実施に関して自治体，コネクションズサービス，民間企業が大きな役割を果たすところにある。このことはとくにハイリスクの生徒に対するメンター制度などの個別的アプローチに有効である。学校はキャリア教育実施にあたって，学校外のこれらの諸機関の支援を得て進めていく。

　もうひとつの特徴は，学校におけるキャリア教育の内容は，各学校の自由裁量の幅が大きく柔軟であることである。

　さらに，起業学習や金銭管理能力など，財政・金融に関する知識やスキルの形成などが強く意識された内容になっていることである。イギリス経済の将来を考慮して，投資や資産管理など起業を意識したキャリアなどについての目配りが感じられる。

### (2) フランスのキャリア支援

　フランスも知識基盤社会に向け，国民の教育水準の向上に向けさまざまな改革を精力的に行っている。まず，1980年代から学校制度の改革も含め，修了資格をもたずに義務教育学校を去る無資格離学者をなくす取り組みに始まり，1989年の教育基本法（ジョスパン法）での全員に最低限の職業資格かバカロレアを得させる目標設定，さらに2005年の「学校の未来のための基本計画法」（フィヨン法）での，50％の高等教育修了を目指す計画など，国民の教育の高度化に向けての政策が矢継ぎ早に打ち出された。

　キャリア教育・キャリア支援もこうした動きの中に位置付けられている。キャリア教育・支援は，個人を尊ぶフランス文化の中で，個人に適した進路の発見と保障は教育の重要な要素として公教育の中で古い歴史をもつ。

　現在，コレージュ（中学校）では2000年以降「職業発見科」と「職業と教育・訓練の発見行程科」が導入されている。ここでは体験活動などを通して，生徒を職業の世界に導き，自己のキャリア探索に向けての援助を行う。後者は，リセ（高等学校）の生徒も含め，2009年から全面的に実施されている。中学校では，上級学校（リセ，技術リセ，見習い訓練など）や職場の訪問などを行い，進路への関心を高め，必要な情報の収集を行わせる。高校では，大学や短大の見学，個別進路相談などが行われる。

　これらのキャリア教育・キャリア支援を学校の教師と並んで担う専門職が配置されているのがフランスの特徴である。イギリスでも，外部機関が協力しているが，フランスでは情報・進路指導センターという公的機関が存在し，ここに進路指導・心理相談員が配置されている。この相談員と教員が役割分担をしつつ協力してキャリア教育・キャリア支援を行っている。相談員は定期的に学校に出向き，生徒の相談に応じる。

　2013年の学校改革法ではさらに，中等教育のすべての生徒に個人向けの職業ガイダンスサービスを，新たな情報サービスツールを活用して行うことを決めている。また，学校卒業後のキャリア支援のために，若者向けの国立の教育・キャリア情報，若者情報・ドキュメンテーションセンターも設置された。

126

## (3) ドイツのキャリア支援

　ドイツの学校制度は，州により異なるがおおむね第５学年次（11歳）に，２から３つに分岐する。おおむね大学への進学コースと就職コースに分かれており，この時点で最初の中等教育修了後，進学か就職かの進路選択を行う。大学進学希望者向きの学校はギムナジウムであり，近年ここへの進学者が急増している。その他の基幹学校と実科学校および両者を統合した学校からは基本的に卒業後は就職に向けての職業訓練を受ける。この場合，さらにどのような職業を希望するかを考慮して学校を選択しなければならない。最終的には入学後に決定するが，基幹学校と実科学校とでは卒業後就職できる職業に事実上違いがある。一般に前者は手工業・製造業や高度の熟練を要しないサービス業，後者は中堅以上の製造業企業，中級的な熟練を要するサービス業が卒業後の進路に想定されている。とくに，近年基幹学校卒業者・離学者の進路が狭まっており，彼らがリスクグループとしてキャリア支援の重要なターゲットなっている。

　したがって，ドイツでのキャリア教育は初等学校の段階から始められなければならない。最近のデータによれば，大学１年生の28％が毎年ドロップアウトし，中等学校終了後の職業訓練でも訓練生の25％が修了前に訓練を中断するという。後者の半数は，選択職種が自分に向いていなかったと答えている。これらのデータから，ドイツでは進路やキャリア選択に大きな課題を残していることがわかる。

　以下，主として学校でのキャリア教育を説明する。学校でのキャリア教育は，主に前期中等教育（前述の３つの学校）で，カリキュラムの中に組み込まれた教科の中で行われるものがある。教科としては，労働科や経済・社会科などの教科がある。これらの授業の中では，労働や経済の世界についての基本的な知識を学び，職業選択について準備する。また，多くの学校では企業実習を行い実際の労働現場での仕事を体験する。通常卒業２年前から本格化する職業選択，具体的には職業教育を受けるための訓練の場の選択については，連邦雇用エージェンシーと呼ばれる職業紹介組織（日本のハローワークに似たもの）と協力し，訓練の場の紹介や，必要な条件などについて生徒に必要な情報を与える。

ただ，ここで主導的な役割を果たすのは教師ではなく職業カウンセラーなどの
エージェンシーの職員である。ただ，大学進学を前提としたギムナジウムで
は，これらの学習を義務付けているところは相対的に少ない。

　近年の変化は，とくに基幹学校卒業者や離学者がその後，職業教育の場を得
られずに引き続き職業教育の準備をする取り組み（移行システム）に参加する者
が増加し，かれらに対するキャリア教育が引き続き長期にわたって必要となっ
てきたことである。さらに，大学中退者の増加に伴い，従来希薄であったギム
ナジウムでのキャリア教育の必要性が認識され始めたことである。これまで
キャリア教育は職業教育コースの生徒に対するものと考えられてきた考えが改
められようとしている。大学進学者希望者にも，大学での学習についての知識
と必要な能力についての情報と相談がこれまで以上に必要となっている。

## 5　ヨーロッパのキャリア教育・支援の今後の課題

　以上，ヨーロッパおよびその主要国のキャリア教育・ガイダンスの特徴と内
容について簡単に触れてきた。ここでは今後の課題についていくつかふれてお
きたい。

　第1に，今日イギリスのEU離脱や自国第一主義のような逆流現象も一部に
見られるものの，長期的な流れとしては，国境を越えた一体化が世界で最も進
んだ地域であることから，教育や労働・職業の場面での流動化や交流がもたら
す課題である。すなわち，これからのヨーロッパのキャリア教育・支援は，狭い
一国内にとどまった視野で行うことができないということである。とりわけ，
社会のリーダー層の養成においてはすでにこのことは自明のこととなってい
る。たとえばスイスでは，経済界のトップはスイス人以外が主流となってい
る。こうした流れは，ヨーロッパ資格枠組み（European Qualifications Framework）
に見られるように，今後中堅層，熟練労働者層にまで徐々に広がっていくであ
ろう。国境を越えた広がりの中で，生涯の職業・学習展望を見越したキャリア
教育・ガイダンスが政策化されねばならない。

　第2に，近年進行している経済と教育の関連の密接化とかかわり，学校での

キャリア教育・ガイダンスをより労働市場と結びつける動きが広がっていることである。すなわち，従来学校でのキャリア教育・ガイダンスは，どちらかというと個人の適性や特性などの心理学的アプローチが主流であり，キャリアカウンセラーが，労働市場や職業動態の変化に疎いという弱点があった。また，教師は自らの経験に基づき，指導するときに大学進学を優先する傾向が強い。ヨーロッパの多くの国では，これとは別に職業紹介などを行う労働行政としてのキャリアガイダンスが充実しているところが多い。この両者を，制度的にも人的資源の面でもより密接に結びつけることが必要となっている。

第3に，第1の問題と関わるが，人の流動化や移民・難民問題などから，放置すると社会的の排除されるリスクグループが生じ，そのメンバーが教育や職業で不利な立場に滞留するという問題に対する政策である。これに対しては，各国とも多大のエネルギーを注いで取り組んでいるが，なかなか成果に結びつかない状況である。新たな多文化・多民族社会におけるキャリア教育・支援の展開が必要とされている。

# Ⅱ アメリカ合衆国のキャリア開発と支援

## 1 アメリカ教育の現状

アメリカではハイスクールやカレッジで中退率が高く，転職を繰り返す若者も多いなど学校から職業への移行には課題が多い。本節ではこうした現状とともに，進学に加えキャリアへの準備も重視する最近の改革を概観する。つぎに，この移行問題の解決に向けて二重単位（dual credit）や地域教育パートナーシップを推進するケンタッキー州およびカリフォルニア州の取り組みを紹介する。

### (1) 中退問題

地方分権的な教育制度をもつアメリカでは，教育行政に関わる権限をもつのは州政府と学校区である。学校区は一般的に，幼稚園，小学校，ミドルスクール，ハイスクールまでを管轄する。小学校とミドルスクールの年限は5－3

資料5-1　進学と就職への経路

| 9学年のコーホート | ベンチマーク | 初職の資格 |
|---|---|---|
| 9学年生100人 | 規定年数で卒業70％ | ハイスクール中退30人 |
| ハイスクール卒業70人 | 卒業後すぐに進学63％ | ハイスクール卒業26人 |
| カレッジ入学44人 | 中退50％ | カレッジ在籍，資格なし22人 |
| | 6年以内に認定証取得9％ | 中等後認定証取得4人 |
| | 6年以内に準学士取得9％ | 準学士取得4人 |
| | 6年以内に学士取得31％ | 学士取得14人 |

出所：Stone & Lewis (2012) p. 28, TABLE 2.1.を筆者訳

資料5-2　アメリカ2010年国勢調査における25歳以上で成人の学歴

| | | | |
|---|---|---|---|
| ハイスクール中退 | 15％ | ハイスクール卒業 | 29％ |
| カレッジ在籍，学位なし | 17％ | 準学士 | 9％ |
| 学士 | 15％ | 大学院在籍，上級学位なし | 4％ |
| 修士以上の学位 | 11％ | | |

出所：Stone & Lewis (2012) p. 29, TABLE 2.2.より筆者作成

制，4-4制などいくつかのバリエーションがあり，ハイスクールは4年制が多い。日本と異なり，ミドルスクールから主流の総合制ハイスクールへの進学は基本的に無試験である。他方，学校区は様々な特色ある教育，たとえば，理数や芸術，職業をテーマにした学校やプログラムも提供しており，そこへの進学は選抜もしくは抽選による。選抜といっても，当該学校区の人種民族構成を反映する方法が採用されることが多い。

　資料5-1に見られるように，アメリカ教育が抱える最大の課題は中退率の高さだろう。ハイスクールでは3割，カレッジに至っては5割が中退する。ハイスクール中退者の割合が資料5-1から資料5-2へ下がっているのは，後にハイスクール卒業資格にあたるGED (General Education Development) を取得したためと考えられる。資料5-1の中等後の認定証 (certificate) は学位より短期で取得できる主に職業資格で，資料5-2に項目はないものの近年その市場価値が増している。概して，アメリカでは学位取得にかかる期間がかなり長く，入学生の約半数が中退する一方で，パートタイムで学ぶ成人学生が多い。

第5章　世界のキャリア開発と支援

　中退者が多い主な要因は，学生の基礎学力不足だろう。英語と数学のクラス分けテストで基準点以下の場合，学生は補習教育に振り分けられる。正規の授業でもかなりの課業が求められ，ついていけない学生も出る。成績に関係なく全入制のコミュニティ・カレッジにいたっては，入学者の半数以上が補習教育を受講し，正規の授業に進めないまま中退する学生もいる。アメリカでは成績優秀者にはさまざまな奨学金が提供される一方で，近年高等教育の学費は高騰しており，経済的に恵まれない非白人学生の中退が顕著なことはいうまでもない。こうしたなか，アメリカではどのような教育改革が行われているのだろうか。

### (2)　「進学とキャリアへの準備」(College & Career Readiness)

　1980年代初めに公表された『危機に立つ国家 (A Nation At Risk)』以降，アメリカは一貫して基礎学力向上に取り組んできた。1990年代には学校から職業への移行法 (School-To-Work Opportunities Act) により，職場学習が推進された時期もあったが，2000年に入ると人種等による学力格差の是正を明確な目標として，改正初等中等教育法である落ちこぼし防止法 (No Child Left Behind Act) が制定された。同法の主旨は評価された一方で，非現実的な目標が立てられ，連邦予算の裏づけのない義務が州や学区に課されたため，過度なテスト対策を実施する学校や，低いスタンダードを設定する州まで現れた。

　そこでオバマ政権が打ち出したのが，「進学とキャリアへの準備」である。2011年以降，先の落ちこぼし防止法の運営規定の免除・緩和申請に際し，「進学とキャリアへの準備」は要件のひとつとなり，基礎学力以外の指標を導入する州も現れた。後述するケンタッキーをはじめノースカロライナやインディアナ州等では，認定証の取得をキャリアへの準備としてアカウンタビリティに組み込んでいる。

　職業教育は，2011年にハーバード大学教育大学院のグループが発表した『繁栄への道筋 (Pathways to Prosperity)』でも重視された。同報告書は，4年制大学のみならず，産業分野ごとのキャリア・パスウェイを構築し，すべての生徒に質の高い職業教育の受講機会を提供するべきだとした。その目的は，比較的高

131

い収入にもかかわらず労働力不足となっている，中間程度の技能レベルの職業へ若者を導くことである。このミスマッチを改善すべく，オバマ政権はすべてのアメリカ人が少なくとも1年間の高等教育もしくは職業訓練を受けるよう奨励した。これは4年制よりむしろ2年制カレッジへの進学を強調するもので，進学準備教育一辺倒だった従来の方針からの転換といえる。

## 2  職業への移行支援の現状

### (1)  「スワール型」の移行経路

つぎに，若者の職業への移行の現状を見ておこう。前述のように，アメリカではハイスクールやカレッジで中退者が多く，その後の職業への移行は円滑ではない。OECDによれば，アメリカの若者の移行プロセスは「パイプライン型」と「スワール型」に特徴づけられる。前者はフルタイムで学校やカレッジを切れ目なく修了し，教育から雇用へと着実に移行する一部の特権的な若者たちを指す。彼らの多くが法律，医学，経営といった専門職学位を取得する。それ以外の多くの若者は非正規の仕事に就いたり辞めたりを繰り返し，典型的には，パートタイムでカレッジに通い，何年もかかって中等後資格を取得するという。こうしてアメリカの若者は18歳からの10年間で平均6回以上転職するが，非白人層やハイスクール中退者ではさらに不安定である。

アメリカでは日本のように高校が就職先を斡旋することはなく，雇用者が若者を正規で雇用したがらない傾向も依然として強い。こうしたなか学校では，どのようなキャリアへの移行支援が行われているのだろうか。

### (2)  キャリアガイダンス

まず，キャリアガイダンスについて，アメリカではスクール・カウンセラーによって行われる。日本でも非常勤のスクール・カウンセラーが配置されるようになったが，心の問題への対処的・治療的援助が役割の中心である。これに対して，日本の担任教師のように多様な開発的・予防的・問題解決的援助を行うのがアメリカのスクール・カウンセラーであり，キャリアガイダンスはそうした幅広い活動の一部である。

たとえば，全米に影響力があるモデルとして知られるミズーリ包括的ガイダンス・カウンセリング・プログラムでは，日常生活で求められる自己理解とスキルの開発・応用を目的として，①学力向上，②キャリア発達，③個人的/社会的発達，の3領域が設定されている。プログラムの構成要素は，「ガイダンスとカウンセリング・カリキュラム」，「個別の生徒の計画」，「個別ニーズへの対応」，「システム・サポート」の4つで，たとえば「ガイダンスとカウンセリング・カリキュラム」では，領域①～③についてクラスごとに計画的指導がなされる。また，構成要素ごとにカウンセラーの時間配分が学校段階別に示され，上級学校に進むにつれ個々の生徒への個別指導・支援に力点が置かれる。

ミズーリ州では教科と同様，スクール・カウンセリングの学習基準が先の3領域で設けられている。このうちキャリア発達では，①キャリア探索と計画のスキル，②労働の世界と中等後の教育訓練に関する情報，③キャリアへの準備と成功のためのスキル，の3つが設定され，学年ごとの基準とカリキュラムも提示されている。こうした州教育省の指針に基づき，各学校ではスクール・カウンセラーが中心となって指導計画を作成する。

以上のようなプログラムは，ミズーリ州では効果が報告されているものの，実施状況は州により大きく異なる。たとえば，後述するカリフォルニア州にはこうした指針はない。また，スクール・カウンセラー一人あたりの担当生徒数として，米国スクール・カウンセラー協会は250人を奨励しているが，全米平均は491人でゆきとどいた支援が実施されているとは考えにくい。校長の方針次第でスクール・カウンセラーはさまざまな補助的な役割も担っており，専門職としての立場は未確立のようだ。

その一方で，米国スクール・カウンセラー協会は，各学校で生徒の権利擁護や教育活動の改善に取り組む，いわば教員のリーダーとしてのスクール・カウンセラー像を志向している。落ちこぼれ防止法により到達度格差の是正が目指され，カウンセラー自身もアカウンタビリティを求められるなか，非白人生徒に係る社会正義の実現は重要な課題として認識されるようになった。しかし，スクール・カウンセラーの役割は以前から進学準備中心だったように，まず重

視されるのは学力向上に向けた支援だろう。

### (3)　中等職業教育

つぎに，職業教育に言及する。主流の総合制ハイスクールではそのほとんど
で職業教育が提供されるが，開講科目の種類には幅がある。また，そもそも4
年制カレッジへの進学志向が強く生徒の履修は薄く広くが基本であるため，職
業科目を3単位（日本でいう15単位）以上取得する生徒は約2割にとどまる。そ
うしたなか近隣学区が協同で運営する地域職業学校や，数は少ないが都市部に
ある職業ハイスクールでは比較的専門的な職業教育が実施されてきた。前者は
主に11，12学年生が午前か午後のパートタイムで通学し，就職に向けた職業訓
練を受ける施設である。

このようなハイスクールの職業プログラムは質がさまざまで，時代遅れとみ
なされるものがある一方，自動車やコンピューター技術，保健分野等では産業
基準に則った専門的な教育が行われている。1990年代以降はアカデミックな内
容を応用的に指導したり，コミュニティ・カレッジとの間でプログラムを接続
するテクプレップ（Tech Prep）等の改革が行われてきた。しかし，2年制カ
レッジで職業教育を継続受講する学生は少なく，効果的な取り組みにはならな
かった。それが近年，準学士や認定証に対する産業界の需要が高まり，連邦政
府も産業別のキャリア・パスウェイの開発支援に乗り出した。つぎに，パス
ウェイ開発の中核を担うコミュニティ・カレッジをとりあげる。

### (4)　コミュニティ・カレッジ

コミュニティ・カレッジは，全州民がアクセスできるよう配置された2年制
の公立カレッジである。前述の補習教育や4年制への編入教育，職業教育，労
働力開発など多様なプログラムが提供されている。21歳以下の学生が半数を占
めるものの平均年齢は28歳，半期に12単位未満しか履修しないパートタイム学
生が6割を超える。全入制ではあるが，単位が出る正式のプログラムに入るに
は英語や数学の一定の学力が求められる。

職業教育については，準学士のほかに一般教育科目の履修が少なくて済む
ディプロマや，さまざまな認定証取得のためのプログラムがある。このほかに

も労働力開発や個別企業の企業内訓練を請け負う部署まであり，これらのプログラムは従来あまり調整されないまま実施されてきた。日本では想像できないが，アメリカでは資格を持ち運び可能（portable）にすることが今なお課題であり続けている。たとえば，准看護師のための資格要件が州内で異なるため，場所を移ると資格が通用しないという事態が起こりうる。

こうした課題の克服に向けて，2011年に連邦労働省と教育省が連携して推進するとしたのが，産業別に特定のキャリアへの道筋を構造化するキャリア・パスウェイの開発である。パスウェイは従来，労働省による労働力開発と教育省による職業教育で別々に開発されてきたが，近年，州が設定したクラスターごとにプログラムの統合が推進されている。開発の中心は，これまでも両者を地域レベルで提供してきたコミュニティ・カレッジである。以下，事例を紹介するが，まずは二重単位の履修を重視するケンタッキー州の取り組みをみていく。

## 3　ケンタッキー州の事例

### (1)　進学とキャリアへの準備

ケンタッキーは歴史的に職業教育を重視してきた州だが，教育レベルは以前からかなり低い。1990年当時，25歳以上成人のハイスクール卒業資格保有者の割合は50州中最下位，学位取得者の割合は49位，一人あたりの教育費も最下位レベルだった。2008年のハイスクール卒業生では，非進学者が全体の37%，公立大学へ進学した29%のうち約3割が補習教育対象，さらにコミュニティ・カレッジへ進学した15%では補習教育対象者は6割を超えた。

そこで2009年，同州が新たな包括的アカウンタビリティ・モデルに組み込んだのが「進学とキャリアへの準備」である。ここでいう「進学への準備」とは，中等後教育機関で補習教育を受講する必要がないレベルを指し，ACT（American College Test）等の基準を満たす必要がある。他方「キャリアへの準備」とは，ハイスクール卒業生が特定の職業分野で次の段階に進むのに必要な準備ができていることを指し，アカデミックと専門の両方で基準を満たす必要がある。アカデミックでは同じくATCによるWorkKeys等の基準が設定さ

れ，専門では産業界発行の認定証の取得等が求められる。

　こうしたケンタッキー州の「進学とキャリアへの準備」が注目された理由は，アカウンタビリティの換算に際して，進学もしくはキャリアへの準備ができた生徒を1ポイントとし，両方を満たした生徒には0.5ポイント加算される方式が採用されたからである。この取り組みは，「キャリアへの準備」の知名度と重要性を広く全米に印象づけることになった。この「進学とキャリアへの準備」を推進するうえで重要な戦略となったのが，つぎにとりあげる二重単位である。

### (2) キャリア・パスウェイの開発

　ケンタッキー・コミュニティ＆テクニカル・カレッジ・システム（KCTCS）は現在，州内16のカレッジに70以上のキャンパスをもち，6週間で取得できる認定証からディプロマ，準学士まで約700のプログラムがある。在籍がもっとも多いのは4年制大学への編入を目指すプログラムであるが，同カレッジは州内最大の中等後教育機関であると同時に，最大の職業訓練機関でもある。2002年，KCTCSは全カレッジによるキャリア・パスウェイの開発に着手し，認定証を学位に埋め込んでプログラムへの入口と出口を増やすとともに，中等教育とのカリキュラムの調整や4年制大学への接続，カスタマイズした短期訓練の単位化等を行った。そのうえで企業や産業ともより密接に連携し，医療，製造業，IT，建設，公共事業，運輸の6部門でパスウェイの開発を行った。

　たとえば，運輸部門の自動車技術パスウェイでは，4〜25単位で取得できる認定証が8種類ある。これらに加え，数学，科学等の一般教育を2科目6単位，計67単位で自動車テクニシャンのディプロマを，さらに計5科目15単位の取得で応用科学準学士（AAS）を取得できる。このように，「積み重ねできる資格証（stackable credentials）」の考え方が開発のキーワードとなっている。

　これをハイスクールとの接続状況が明記された「学習プログラム」で見ていくと，ハイスクール在学中にコミュニティ・カレッジの単位も同時取得できる二重単位により，12学年までに3つの認定証を取得できる。また，全米自動車生徒スキル・スタンダード評価のうちNA3SAの受験が可能となり，合格すれ

ば前述の「キャリアへの準備」基準を満たしたことになる。

　アカデミック科目の二重単位も，もちろん重要である。補習教育の削減が大きな課題である同州では，アクセスしやすいコミュニティ・カレッジでアカデミック科目の二重単位を履修するよう奨励している。それは生徒にとって時間と学費の節約になるだけでなく，カレッジの学習を経験することにより，学業への期待や振る舞い方を予め知ることが可能となる。従来，高等教育への在籍が少なかった生徒層に，二重単位はとりわけ利点があるとされた。

　ハイスクール在学中に取得できるカレッジの単位としては，アドバンスド・プレイスメント（Advanced Placement）がよく知られている。これは成績優秀者向けの取り組みであるのに対し，二重単位はむしろ成績中位の生徒が対象である。また，施設設備が高額な職業分野における二重単位は，学区の負担軽減につながるという利点も指摘されている。

　以上，ケンタッキー州では二重単位により中等と中等後教育間の接続を改善し，進学とともにキャリアへの準備を向上させていた。つぎに，地域教育パートナーシップの強化を図るカリフォルニア州の事例をとりあげる。

## 4　カリフォルニア州の事例

### (1)　地域教育パートナーシップ

　カリフォルニア州は高等教育の優秀さが知られる一方で，公立学校の学力レベルや生徒一人あたりの教育支出は全米平均にも満たない。その背景として，人種民族構成のますますの多様化があげられる。全体に占める白人生徒の割合は25％まで低下するなか，ヒスパニック系は5割を超え，英語学習者の割合も20％以上で全米最高となった。貧困率の目安となる昼食代を免除・減額される生徒の割合も，全米平均より高く6割近い。

　そこで同州は，教育者や企業，コミュニティの指導者が協働して生徒の学力向上を図り，それを地域経済の強化に結びつける地域教育パートナーシップを推進している。先駆として知られるロングビーチでは，1990年代の初め，ロングビーチ統一学区と2年制公立短期大学のロングビーチ・シティ・カレッジ，

さらにカリフォルニア州立大学ロングビーチ校が教育パートナーシップを結び，従来は高等教育への進学が少なかった生徒層の学力向上に取り組んできた。

このうちとくに大きな成果を挙げているのが，2008年3月に上記3機関のリーダーが学区内すべての生徒にカレッジへの進学機会を保証するとして署名した「ロングビーチ・カレッジ・プロミス」である。まず，シティ・カレッジではハイスクールの成績に基づいて英語と数学のクラス分けを行い，入学後，最初のセメスターで受講を開始させ，この学期の授業料を免除する。この取り組みによりカレッジ・レベルの英語と数学を修了した学生の数が増大，補習教育が大幅に削減された。同州立大学でもロングビーチ出身の学生が1.5倍近くに増加し，地元から通う新入生および編入生は今やより高い基準で入学した州外からの学生より在籍率が高いという。

このほか，進学文化（college-going culture）を醸成するため，学校区内の小学校4，5年生によるシティ・カレッジおよび州立大学への訪問，ミドルスクール8学年生と保護者による個人の教育計画書への誓約等を行っている。また，ハイスクールでは11学年でプレイスメント・テストを受験させ，補習教育の必要性を在学中に生徒に告知している。ロングビーチではこのように，カレッジへの円滑な進学に向けて教育機関が協働的に取り組んできた。

### (2) 関連づけられた学習 (Linked Learning)

ロングビーチの教育パートナーシップをさらに強化することになったのが，「関連づけられた学習」である。これは，①進学準備カリキュラム，②専門的職業カリキュラム，③職場見学やインターンシップ等の職場学習，④生徒の学習面や心理面への支援，を特徴とするプログラムである。同州では，ハイスクール中退者と円滑に進学や就職できなかった者を合わせると生徒全体の約3分の2に及び，ハイスクール改革は長年の課題であった。そこで産業界，教育者，地域が一致して取り組むための戦略として同州で提起されたのが「関連づけられた学習」である。その目的は，卒業率の向上と到達度および機会格差の是正，さらに生活賃金を得られるキャリアと多様な中等後の学習経験の両方に向けてすべての生徒を準備することだった。ジェームズ・アーヴァイン財団

（James Irvine Foundation）は，この取り組みに多額の寄付を行ってきたことで知られる。

　現在，ロングビーチ統一学区には3,000〜4,000人が在籍する総合制ハイスクールが6校ある。伝統的な進学準備プログラムを提供する1校を除き，その他の学校はすべて「関連づけられた学習」のパスウェイで編成され，約2万5千人のハイスクール在籍者のうち約2万人がそこで学んでいる。たとえば，総合制ハイスクールのひとつ，カブリロ・ハイスクール（Cabrillo High School）には，①ビジネス，②刑事司法と法律，③工学とデザイン，④医療職とキャリア，⑤コンピュータ・メディアとアート，アニメーション，の各パスウェイがある。同学区にはこのほかにも，建築業と建設，教育と乳幼児の発達，情報技術など同州の全産業部門のパスウェイがあり，8学年生はこの中から進路選択を行う。

　同学区において，「関連づけられた学習」はすべての生徒を学校に結びつけるための手段である。かつての「アカデミック・オンリー」の教育では生徒を学校に動機づけられず，中退者も多かった。そこでアカデミックな内容を職業科目の中で応用的に学習させ，生徒に学校とその後の世界の関連性（relevance）を意識づけようとしたのである。

### (3)　カブリロ・ハイスクール

　さて，事例とするカブリロ・ハイスクールでは，先の5つのパスウェイごとに生徒と教員が組織されている。カリフォルニア州のスクール・カウンセラー一人あたりの生徒数は822人でアリゾナに次ぎ全米ワースト2位だが，ロングビーチでは約500人と全米平均程度に維持されている。従来，生徒の振り分けは学年単位や名前のアルファベット順が多かったが，ロングビーチではパスウェイごとにカウンセラーが配属され，3〜4年間同じ生徒を担当する。各パスウェイの専門分野をバックグラウンドにもつカウンセラーも多く，指導面での利点になっている。学区規模でさまざまな分野のパスウェイが設けられ，今や全米一の職業教育システムと評価されるロングビーチだが，前述のような包括的ガイダンス・プログラムは存在せず，実際には緊急の生徒対応に追われて

いる。

　つぎに，カブリロの5つのパスウェイのうち，刑事司法と法律をとりあげよう。このパスウェイは，①法学，②法執行と公共安全，の2つのプログラムから成る。非白人の法曹関係者を増やそうとカリフォルニア州の弁護士会は9つのプログラムに補助金を提供しており，カブリオはそのひとつである。ロングビーチ裁判所の中古の内装を譲り受けた同校は校内に法廷をもち，模擬裁判や青少年法廷を実施している。卒業後は警察官や，コミュニティ・カレッジで準学士を取得すれば弁護士補助員等のキャリアが選択でき，4年制大学へ編入して弁護士や判事への道も開かれる。このようにパスウェイは幅広い生徒層を受け入れ，個々の生徒のキャリア選択を援助する構造となっている。つぎに，キャリア・パスウェイの開発を取り上げよう。

### (4)　キャリア・パスウェイの開発

　全米最大の人口と経済規模をもつカリフォルニア州では，コミュニティ・カレッジは114校，オレンジ・カウンティを除くロサンゼルス地域だけでもケンタッキー州を上回る18校ある。人口移動が激しい都市部で資格を持ち運びできないことが課題であったため，近年，コミュニティ・カレッジ総長オフィスは補助金を出し，州を7つの拡大地域に分けて10の産業ごとに部門ナビゲーターを配置，産業界との連携を強化している。部門ナビゲーターが州レベルで活動するのに対し，そのうち5つは優先部門および緊急部門として副部門ナビゲーターも置かれ地域内で活動する。

　州政府はまた，地域別にパスウェイ開発を行うための競争的補助金を多数拠出している。ロングビーチ・シティ・カレッジは同地域のカレッジ4校，ハイスクール，雇用者および産業，後述する労働力投資委員会とともにコンソーシアムを形成し，「関連づけられた学習」を中等後段階へ接続する先端的製造業分野のパスウェイ開発を行っている。同州ではこれまで，後述するパートナーシップ・アカデミーや「関連づけられた学習」への投資が行われ，地元企業との連携強化が図られてきた。その半面，ハイスクールと中等後の専門プログラムの接続には課題があり，同コンソーシアムでもハイスクールの生徒に二重単

140

位の機会を増やすことを第一の目標にしていた。パスウェイの構築に向けて，コンソーシアム内の多数の関係者がボトムアップでカリキュラムの調整や職場学習の開発を行っている。

　以上，カリフォルニア州では教育機関と企業・産業界が連携を強化し，若者の学校から職業への移行を支援する取組が行われている。最後に，ハイスクール中退者等のリスクの高い若者への支援について述べる。

## 5　リスクの高い若者への支援

　冒頭で示したように，アメリカではハイスクール中退者が3割にのぼり，高リスクの若者は多い。彼らへの支援は，連邦法である労働力革新・機会法（Workforce Innovation and Opportunity Act）により実施される。ここでは同法に設けられた若者プログラム（Youth Formula Program）と，日本でもよく言及されるジョブコア（Job Corps）について述べる。

　まず前者は，職業紹介，失業保険，教育・職業訓練情報などのサービスを実施するワンストップの職業センターと連携し，地方公共団体等で実施される。それは読み書き能力の不足等で就職が困難な14〜21歳の若者のニーズに沿った支援を行うもので，各地域で労働力開発を担う労働力投資委員会がプログラムの内容を決定する。

　これに対し，後者は寄宿制の教育・職業訓練プログラムで，全米120か所以上で実施されている。低所得，低学力，中退，ホームレス等の16〜24歳の若者を対象とし，宿泊費も食費も無料，2週間ごとに小遣いも提供される。リスクの高い若者を対象とするプログラムとして，ジョブコアは一定の成果が報告されてきた。

　以上は学校に通っていない若者への支援だが，中退等のリスクをかかえた生徒を対象としてカリフォルニア州で発展したのが，学校内学校として設置されるキャリア・アカデミーである。それは1960年代末，中退防止策としてフィラデルフィアで始まり，進学とともにキャリアへの準備を地域の雇用者の協力を得て実施する点に特徴がある。同州では1984年に全米初の州補助金制度が成立

し，この資金を受給するパートナーシップ・アカデミーだけでも約400存在する。シンクタンクMDRCによるランダム化比較試験による社会実験によれば，キャリア・アカデミーは卒業8年後のとりわけ男性の賃金に効果が見られ，エビデンスに基づく改革モデルとして全米で注目を集めている。

さて，トランプ政権が発足し，アメリカでは移民政策の転換が大きな問題となっている。3000人以上のホームレス生徒を抱えるロングビーチ統一学区では，カブリロ・ハイスクールに隣接するベスーン移行センター（Bethune Transition Center）で医療サービス等を含むさまざまな教育支援が実施されている。これも連邦資金により運営されており，トランプ政権下で動向が注視される。

以上のように，人種民族構成の多様化が進むアメリカでは，若者の学校から職業への移行は依然として課題をかかえている。近年，準学士や認定証といった職業資格への需要が増すなか，二重単位や地域教育パートナーシップにより，進学だけでなくキャリアへの準備も重視されるようになった。学費の高騰が続くアメリカでは，学位取得できても多額のローンをかかえることになるため，比較的収入が良い準学士や認定証の取得は学生にとって現実的な選択肢となり始めている。

他方，産業別のパスウェイ開発は地域ごとにボトムアップで行われている。開発は将来性と雇用が見込まれる分野中心で，雇用者の協力という面でも課題はある。しかし，幅広い生徒層を対象として開発されるキャリア・パスウェイは，若者と地域経済双方に利益をもたらすものだろう。格差是正に向けて，リスクの高い若者にキャリア設計能力を獲得する実際的な機会を提供することの重要性を，ロングビーチの取り組みは示唆している。

# Ⅲ　中国のキャリア開発と支援

中国における中等職業教育では，キャリア教育は「職業生涯教育」と表記され，「目的や計画を持ち，組織的に個人の職業キャリアの意識と総合的な職業能力を高めることや，キャリアプランニングの進行や実行を主体とする総合的

第5章　世界のキャリア開発と支援

な教育活動」として認識されている。そのうち，後期中等職業教育における
キャリア教育は，教科「徳育」の中で主に行われている。

　国家レベルでは，近年，職業指導が徳育の中に位置付けられる傾向にある。
中等職業学校での教科「徳育」は，徳育の適応性・実効性と時代性を高め，生
徒の素質教育を全面的に促進するための措置であり，その設置は，経済改革以
降初めての試みであった（銭（2004）247頁）。本節では中国における後期中等職
業教育のキャリア教育の政策動向とカリキュラムの改革のプロセスについて紹
介する。

## 1　キャリア教育の政策動向

　中国では，1980年代まで長年，教育機関卒業者を統一的に職場配置する政策
を採用していたため，キャリア教育は考慮されなかった。キャリア教育が重視
されるようになったのは，1985年に制定された「中共中央の教育体制改革に関
する決定」からである。そして，1996年には，職業教育法が制定され，その第
4章で次のことを規定した。すなわち「職業教育を受ける者に思想政治教育と
職業道徳教育を行い，職業に関する知識，技能を身につけさせ，職業指導に
よって教育を受ける者の資質を全面的に高めることや職業上のキャリアを指導
する」という重要性が示された。

　2003年以降，大学卒業者の就職難という状況が社会的問題に発生してしまっ
たことで，キャリア教育の重要性が認識された。2004年に「中共中央国務院に
おける未成年の思想道徳教育の改善に関する若干意見」が公表された。その中
で「中等職業学校では生徒の思想道徳教育を高めるために，より一層のキャリ
アプランニングと職業指導を行い，生徒に正しい職業観と職業思想を打ち立
て，総合的な職業資質と能力を向上させる」と述べ，「高い資質が持つ労働者，
技能型人材」の育成目標を目指しつつ，中等職業教育におけるキャリア教育の
重要性を明確にした。

　2006年に国家教育部のキャリア教育プロジェクトチームが研究会を開き，現
状と各地の実践に関して情報交換するなど，キャリア教育の推進に関心が集

143

まった。

　以上述べた政策動向のように，中国においてキャリア教育は市場経済体制の需要に応じて，所有制形態や雇用の多様化，社会の変化に対応していく資質や能力を身に付けるための教育であり，ますます重要になっている方向を現している。

## 2　中等職業学校におけるキャリア教育のカリキュラム改革

### (1)　教科「徳育」のカリキュラム改革

　「改革開放」初期から1993年までは資料5-3に示すように，中等職業学校（中等専門学校，職業高校，技工学校）ではキャリア教育を一般教育として，教科「政治」が普通科高校（高級中学）の教科「思想政治」に基づいて設置された。

　中等職業学校における教科「徳育」では，1993年に第1期の課程改革が始まった。そし2001年に資料5-4に示した第2期の課程改革が実行され，その7年後に第3期の課程改革が行われた。それぞれの改革内容は以下に詳述する。

①　第1期課程改革

　1993年，国家教育委員会（現：国家教育部）は「中等職業技術学校における政治科目のカリキュラムの設置の意見」を発表した。学制，生徒募集対象，専門コースによって「経済政治」，「世界観人生観」，「法律」，「国情」，「職業道徳」，「社会主義市場経済」，「政治常識」，「哲学基礎」，「中国の特色の社会主義理論の構築」という合計9つの科目が設置された。これは第1期課程改革として，普通科高校の「思想政治」と異なり，中等職業学校の教科「政治」の課程体系が構築し始まった。

②　第2期課程改革

　1999年に国家教育部は「21世紀に向けて教育の活性化の行動計画」の中で，「中等職業教育の課程改革と教材計画」を提起し，第2期教科「徳育」の改革が開始された。

　2001年に国家教育部は「中等職業学校における教科「徳育」のカリキュラムの設置と教授配布に関する意見」（［2001］2号）を発表し，同時に「中等職業学校

144

第 5 章　世界のキャリア開発と支援

資料 5 - 3　「改革開放」初期～1993年まで教科「政治」

| 年　　間 | 高校 1 回生 | 高校 2 回生 | 高校 3 回生 |
|---|---|---|---|
| 1977 - 1979年 | 政治経済学常識 | 弁証法的唯物論常識 | |
| 1980 - 1985年 | 政治経済常識 | | 弁証法的唯物論常識 |
| 1986 - 1992年 | 科学人生観 | 経済常識 | 政治常識 |

出所：馬小宝・張偉主編 (2012年) 14頁を筆者が一部抜粋，訳出して作成。

資料 5 - 4　教科「徳育」のカリキュラム (2001)

| 学　　年 | 学　　期 | 科　　目 | 授業時間 |
|---|---|---|---|
| 第一学年 | 前　　期 | 職業道徳と職業指導 | 32～36 |
| | 後　　期 | 法律基礎知識 | 32～36 |
| 第二学年 | 前　　期 | 経済と政治基礎知識 | 32～36 |
| | 後　　期 | 経済と政治基礎知識 | 32～36 |
| 第三学年 | 前　　期 | 哲学基礎知識 | 48～54 |
| | 後　　期 | 哲学基礎知識 | |

備考：選択科目の時間数は30である。
出所：中華人民共和国教育部編『中等職業学校における徳育科目の課程教育指導要綱』高等教育出版社，
　　　2001年，王継平「中等職業学校における徳育科目の設置の制定と実施」(2001年第 6 期) 9 頁参照

資料 5 - 5　教科「徳育」のカリキュラム (2008)

| 学　　年 | 学　　期 | 科　　目 | 授業時間 |
|---|---|---|---|
| 第一学年 | 前　　期 | キャリアプランニング | 32～36 |
| | 後　　期 | 職業道徳と法律 | 32～36 |
| 第二学年 | 前　　期 | 経済政治と社会 | 32～36 |
| | 後　　期 | 哲学と人生 | 32～36 |

備考：選択科目の時間数は64であり，「心理健康教育」のみならず，時事政策教育，環境教育，安全教育等
　　　を行う。
出所：中華人民共和国教育部編 (2011) 2 頁

における教科「徳育」の課程教育指導要綱」([2001] 3 号) を配布し，第 2 期課程
改革を実行した。この要綱は中等職業学校における教科「徳育」の位置づけと
重要な内容を明確に規定し，教科「徳育」の位置づけは公共基礎教科に属し，
各必修科目となっており，各必修科目は「職業道徳と職業指導」，「法律基礎知
識」，「哲学基礎知識」，「経済と政治基礎知識」の 4 つとなる。「徳育」の選択科

145

目は，各学校の実際状況に合わせて設置する。

③　第3期課程改革

　国家教育部は「中等職業教育改革の一層の推進に関する若干意見」(2008.8号)の中で，「新しい中等職業教育改革を開始し，各地域には人材育成の改革モデルを一層推進するために」,「校企合作」(学校と企業の協力),「インターンシップ」等に力を入れる。教育内容・方法を改革して，「就職へ導くというカリキュラムと教材体系に取り組む」という方向を示した。とくに2005年以降に中等職業学校においては，3年次に1年間の長期実習を行うため，教科「徳育」の時間割配分など改革が求められた。

　2008年12月に，国家教育部は「中等職業学校における教科「徳育」課程改革と教授配布に関する意見」を発表し，『中等職業学校における教科「徳育」の課程教育指導要綱』(改訂)を配布した。その内容は**資料5-5**に示したとおりである。教科「徳育」は必修科目と選択科目という2つに分けられ，各必修科目は「キャリアプランニング」,「職業道徳と法律」,「経済政治と社会」,「哲学と人生」の4つとする。選択科目は，「心理健康教育」などである。

　以上，教科「徳育」の課程改革のプロセスを紹介した。第2期課程改革の中で，「職業道徳と職業指導」というカリキュラムを設置し，職業道徳，職業理想と起業家教育の内容を充実した。しかしながら，2001年の改革のカリキュラム「法律基礎知識」,「哲学基礎知識」,「経済と政治基礎知識」等の「基礎知識」を過度に強調し，職業教育と密接につながらない問題がある。そのために，第3期の課程改革で「キャリアプランニング」という職業生涯教育のカリキュラムが導入された。2001年の教育指導要綱と比べて，2008年の改訂内容や教科「徳育」に関するカリキュラムや教授配分は以下のとおりである。

　①カリキュラム：必修科目と選択科目という2つに分けられているが，カリキュラムに変更を加えた。すなわち，2001年の「職業道徳と職業指導」,「法律基礎知識」,「経済と政治基礎知識」,「哲学基礎知識」から2008年の「キャリアプランニング」,「職業道徳と法律」,「経済政治と社会」,「哲学と人生」という4つの必修科目に変更した。なお，選択科目は「時事政策教育」,「環境教育」,

「安全教育」等が増えた。

②教授配分：必修科目の学期は2学年になっていた。選択科目は地方の実情に応じて教育関係部門の審査と認可を受けたうえで，各学校の「徳育」の実態，専門分野と実習の授業にあわせて行う。また，教科「徳育」の合計時間数は206〜228時間から192〜208時間になり，14〜20時間減った。そのうち，必修科目は48〜54時間に減少したが，選択科目は34時間に増加した。

### (2) 「キャリアプランニング」の教育指導要綱

中等職業学校でキャリア教育を推進するために，2004年に国家教育部は「中等職業学校における教科「徳育」の教育要綱」を配布した。同要綱は「徳育」の目標，内容，管理などさまざまな要求を提起した。

2008年改訂の教育指導要綱（2009年実施）の中で，初めて科目「キャリアプランニング」を設置した。「キャリアプランニングの基礎知識や方法を身につけること」，「正しい職業理想を打ち立て，職業観や職業選択観等の育成」，また「職業資質，職業能力の向上」という全体的な教育目標が提示された。

教育内容について，「キャリアプランニング」の科目は「キャリアプランニングと職業理想」，「職業生涯発達の条件と機会」，「キャリア開発の目標と対策」，「キャリア開発と就職・起業家育成教育」，「キャリアプランニングの管理，調整及び評価」という5単元に分けられた。

以上のように，中国における中等職業教育は，技能実践能力を重視するだけではなく，職業資質や職業素養等を育成するための教育目標を，3期の連続したカリキュラム改革を通して達成しようとした。加えて，国家が定め教育指導要綱に基づき，生徒の職業資質，職業能力の向上がますます重要となってきたといえる。

以下では，中国の四大直轄市（他：北京，上海，重慶）のひとつとして天津市の中等職業学校でのキャリア教育である「キャリアプランニング」に着目し，その実施状況について述べる。調査対象の選定について，天津市D工業学校は1988年に「天津市徳育モデル校」とし，2010年に全国中等職業学校の中で，「先進的な徳育教育学校」の称号が授けられた。

## 3　天津市の事例：天津市Ｄ工業学校

　本校は1958年に設立され，国家で最初のモデル学校であり，国家重点中等職業学校である。在校生総数，約5000名，専任教員総数149名，そのうち，「双師型教員」の割合は90％以上である。専門分野は7コースがあり，15小コースがある。

### (1)　キャリア教育のカリキュラムについて

　資料5-6のように，「キャリアプランニング」は共通基礎科目の一部であり，32学時～36学時（週2コマ，1コマ45分），2単位として1年次の前期に履修させる。共通基礎科目である「キャリアプランニング」は，生徒が自己の職業理想や進路について考え，職業学校で将来の職業を自ら選択する能力・「職業素養」を培う科目である。また，「キャリアプランニング」の授業を通じて，40～50％の仕事・職業に対する態度・認識（原語：认识工作与职业）を形成している。

### (2)　就業体験（インターンシップ）

　就業体験（インターンシップ）について，当校は2年次の後期に就業体験等の事前指導・事後指導を行う。なぜなら，生徒はこの時期に校外実習の直前になり，2年間の学習を通して企業や自己理解を促すようになってきたといわれた。さらに具体的には2年次の後期に「オリエンテーションクラス」が設立されている。それは，当校のひとつの特徴である。このクラスの生徒数は30～40人であり，協力企業や生徒自身の需要に合わせて設けている。就職指導部の教員の指導や企業に勤める職業人を招いての講演（企業の発展史・文化，企業の理念，ルール等）・技術指導等の講義などさまざまな実践が行われている。なお，就業体験先は3年次の校外実習先となる。

### (3)　生徒の進路指導

　本校では進学向きと就職向きに分けられ，各専門コースが設置されている。新入生に対する入学教育を行うと同時に，専門コースの選択について，生徒本人が最終的に決断するとのことではあったが，そこに至るには70％以上の生徒は保護者の働きかけがあることは明らかである。そのうち，「メカトロニクス」，「CNC」，「電気工程自動化」，「自動車点検・保守」コースの卒業生はそれ

第5章　世界のキャリア開発と支援

資料5-6　「コンピュータ・ネット技術」のカリキュラム表の共通基礎科目（就職生用）

| 科目分類 | | | 科目名称 | 総学時 | 総単位数 | 時間配分 | | | | | |
|---|---|---|---|---|---|---|---|---|---|---|---|
| | | | | | | 一年前期 | 一年後期 | 二年前期 | 二年後期 | 三年前期 | 三年後期 |
| 共通基礎科目 | 共通基礎項目 | 必修科目 | 徳育 キャリアプランニング | 36 | 2 | ✓ | | | | | |
| | | | 職業道徳と法律 | 36 | 2 | | ✓ | | | | |
| | | | 経済政治と社会 | 36 | 2 | | | ✓ | | | |
| | | | 哲学と人生 | 36 | 2 | | | | ✓ | | |
| | | | 語　　　文 | 144 | 9 | ✓ | ✓ | ✓ | ✓ | | |
| | | | 数　　　学 | 144 | 9 | ✓ | ✓ | ✓ | ✓ | | |
| | | | 英　　　語 | 144 | 9 | ✓ | ✓ | ✓ | ✓ | | |
| | | | コンピュータ応用基礎 | 144 | 9 | ✓ | ✓ | | | | |
| | | | 体育と健康 | 108 | 6 | ✓ | ✓ | ✓ | ✓ | | |
| | | | 小　　　計 | 828 | | | | | | | |

備考：①16学時〜18学時は1単位として行う。②「✓」は各科目の実行期間を示す。
出所：調査当日の配布資料により，筆者が一部抜粋して翻訳

それの専門分野に適応する大手企業への就職率が85％以上である。

　また，生徒は「半工半読」（パートタイムで仕事と学習の交互に行う）を行っている。とくに，「自動車点検・保守」コースの生徒は1年次の後期から月の3，4日に企業実習を受けるように「デュアルシステム」という教育を行う。また，「電気工程自動化」コースの生徒は教員と同行し，昼間に企業への実習に行って，夕方に学校に戻って自習をする。

　一方で，われわれのD工業学校の調査の結果が示すように，生徒の学力向上という方向性が現れている。すなわち，中等職業教育は，従来は単に就職準備のための教育であったが，近年，産業現場に技能労働者を育成するだけではなく，その卒業生のうち「高等職業学院」に進学する割合はますます増加する傾向にある実態も見られる。このような変化には以下のような要因があげられる。第1に，技術革新の進歩に伴い，高い資質をもつ労働者に対する需要が高まり，職業教育の高等化が求められる。第2に，高等職業教育機関を卒業すると短期間で給与の増加や昇進が見込まれることから，生徒の進学意欲は高まっている。

以上のように，中国における後期中等職業教育のスタートを切ってから，校外実習までの時期に「徳育」教育を実行している。この時期は，とくに1年次の前期より教科「キャリアプランニング」を中心としてキャリア教育を行い，生徒は将来にどの仕事をするにしても必要になる「基礎知識や方法」，「職業理想や職業素養」，「職業観や職業選択観の育成」等を身に付けることが大切であろう。

**【参考文献】**

銭景舫「中国における中等職業教育の発展状況と移行問題」（寺田盛紀編著『キャリア形成就職メカニズムの国際比較――日独米中の学校から職業への移行過程』晃洋書房，2004年，239－253頁）

Athanasou, James A. and R. van Esbroeck eds., *International Handbook of Career Guidance*, 2008

中華人民共和国教育部編『中等職業学校徳育課程教学大綱汇編』高等教育出版社，2011年

「学校におけるキャリア教育に関する総合的研究――児童生徒の社会的自立に求められる資質・能力を育むカリキュラムの在り方について」国立教育政策研究所，2010年

OECD, *Learning for Jobs*, 2010

Stone, James R., Ⅲ and Morgan V. Lewis, *College and Career Ready in the 21ˢᵗ Century*, Teaches College Tress, 2012

馬小宝・張偉主編（教育部・財政部組編）『中等職業学校徳育新課程解読与実施』高等教育出版社，2012年

蒋乃平主編『職業生涯規划（修訂版）』高等教育出版社，2013

文部科学省『諸外国の教育動向（2013年版）』明石書店，2014年

京免徹雄『フランスの学校教育におけるキャリア教育の成立と展開』風間書房，2015年

Härle, N. and E. Lezcano, *Career guidance in German schools: recent reforms, best practice and lessons learned*, 2016

西美江「アメリカ合衆国におけるキャリア・パスウェイの開発――地域パートナーシップに着目して」『関西女子短期大学紀要』26号，2017年

# 巻 末 資 料

**1** 全国高等学校統一用紙（その１）：履歴書　　　152

**2** 全国高等学校統一用紙（その２）：調査書　　　153

**3** 日本標準職業分類（平成９年時点，平成21年基準）　　154
および国際標準職業分類の分類項目比較表

**4** 日本標準職業分類（2009年７月）　　　155

## 資料 ■ 全国高等学校統一用紙（その１）：履歴書

（別紙1）

（応募書類 その1）

| 資格等の名称 | 取得年月 |
|---|---|
| 資格等 | |
| 趣味・特技 校内外の諸活動 | |
| 志望の動機 | |
| 備考 | |

全国高等学校統一用紙（文部科学省・厚生労働省・全国高等学校長協会の協議により平成17年度改定）

# 履 歴 書

平成　年　月　日現在

写真をはる位置
（30×40mm）

| ふりがな | | 性別 |
|---|---|---|
| 氏　名 | | |
| 生年月日 | 昭和・平成　年　月　日生（満　　歳） | |
| ふりがな | | |
| 現住所 | 〒 | |
| ふりがな | | |
| 連絡先 | 〒 | |

（連絡先欄は現住所以外に連絡を希望する場合のみ記入すること）

| 学歴・職歴 | | |
|---|---|---|
| | 高等学校入学 | |
| 平成 | 年 | 月 |
| 平成 | 年 | 月 |
| 平成 | 年 | 月 |
| 平成 | 年 | 月 |
| 平成 | 年 | 月 |
| 平成 | 年 | 月 |

（職歴にはいわゆるアルバイトは含まない）

巻末資料

## 資料 ❷ 全国高等学校統一用紙（その２）：調査書

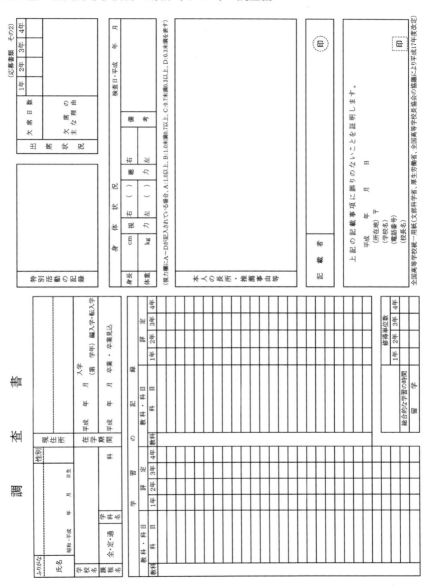

**資料 3　日本標準職業分類（平成 9 年時点，平成21年基準）および国際標準職業分類の分類項目比較表**

| 日本標準職業分類（JSCO）（平成 9 年時点）| | | | 日本標準職業分類（JSCO）（平成21年基準）| | | 国際標準職業分類（ISCO）（2008年改定）| | | |
|---|---|---|---|---|---|---|---|---|---|---|
| 大分類 | 亜大分類 | 中分類 | 小分類 | 大分類 | 中分類 | 小分類 | 大分類 | 亜大分類 | 中分類 | 小分類 |
| B　管理的職業従事者 | | 4 | 10 | A　管理的職業従事者 | 4 | 10 | 1　管理職 | 4 | 11 | 31 |
| A　専門的・技術的職業従事者 | | 20 | 75 | B　専門的・技術的職業従事者 | 20 | 91 | 2　専門職 | 6 | 27 | 92 |
| C　事務従事者 | | 7 | 21 | C　事務従事者 | 7 | 26 | 3　技術職，準専門職 | 5 | 20 | 84 |
| D　販売従事者 | | 2 | 13 | D　販売従事者 | 3 | 19 | 4　事務職 | 4 | 8 | 29 |
| E　サービス職業従事者 | | 6 | 27 | E　サービス職業従事者 | 8 | 32 | 5　サービス及び販売従事者 | 4 | 13 | 40 |
| F　保安職業従事者 | | 3 | 11 | F　保安職業従事者 | 3 | 11 | 6　農業，林業及び漁業従事者 | 3 | 9 | 18 |
| G　農林漁業作業者 | | 3 | 14 | G　農林漁業作業者 | 3 | 12 | 7　技能工及び関連職務の従事者 | 5 | 14 | 66 |
| H　運輸・通信従事者<br>I　生産工程・労務作業者 | 3 | 5<br>30 | 21<br>171 | H　生産工程従事者 | 11 | 69 | | | | |
| | | | | I　輸送・機械運転従事者 | 5 | 22 | 8　定置装置及び機械の運転作業者，組立工 | 3 | 14 | 40 |
| | | | | J　建設・採掘従事者 | 5 | 22 | | | | |
| | | | | K　運搬・清掃・包装等従事者 | 4 | 14 | 9　単純作業の従事者 | 6 | 11 | 33 |
| J　分類不能の職業 | | 1 | 1 | L　分類不能の職業 | 1 | 1 | | | | |
| | | | | | | | 0　軍人 | 3 | 3 | 3 |
| 10 | 3 | 81 | 364 | 12 | 74 | 329 | 10 | 43 | 130 | 436 |

注：日本標準職業分類と国際標準職業分類の項目の比較については，おおよその対応を示している。

出所：総務省のwebsiteから引用（http://www.soumu.go.jp/toukei_toukatsu/index/seido/shokgyou/hik_h21.htm），2017年 8 月18日

巻末資料

## 資料 4　日本標準職業分類 (2009年7月)
＊総務省統計局による分類より抜粋

### 1　日本標準職業分類の意義

日本標準職業分類 (以下「職業分類」という。) は，個人が従事している仕事の類似性に着目して職業を区分し，それを体系的に分類したものであって，公的統計を職業別に表示する場合の統計基準である。

### 2　日本標準職業分類一般原則

(1)　用語の意義

　ア　仕事

　　　職業分類において仕事とは，一人の人が遂行するひとまとまりの任務や作業をいう。

　イ　報酬

　　　職業分類において報酬とは，賃金，給料，利潤 (個人業主)，その他名目のいかんを問わず，労働への対価として給されたものをいう。なお，賃金・給料等には，現物 (自家生産物を除く。) も含む。

　　　したがって，次のような収入は，報酬に当たらない。

　　(ア)　利子，株式配当，家賃，間代，小作料，権利金等の財産収入 (ただし，アパート経営，貸金等により労働の対価として得ている場合を除く。)

　　(イ)　恩給法，生活保護法，厚生年金法，国民年金法，雇用保険法等の社会保障制度に基づく収入又はその他の年金収入

　　(ウ)　小遣い，仕送り金等の贈与

　　(エ)　競馬，競輪，競艇，パチンコ等の配当又は景品

　　(オ)　預貯金引出，保険金受取，借入，

不動産等の売却による収入

　　(カ)　自己所有の株券等の売買差益による収入

　　(キ)　学生・生徒が受ける奨学金等の学資金

　　(ク)　職業訓練施設において，職業訓練生が受ける訓練手当・褒賞金

　ウ　職業

　　　職業分類において職業とは，個人が行う仕事で，報酬を伴うか又は報酬を目的とするものをいう。

　　　ただし，自分が属する世帯の家業に従事している家族従業者が行う仕事は，報酬を受けているかどうかにかかわらず，一定時間 (例えば，一日平均2時間，あるいは通常の就業者の就業時間の3分の1以上の時間等) 当該仕事に従事している場合には，その仕事を職業とみなす。

　　　したがって，次のような仕事は，職業に当たらない。

　　(ア)　自分が属する世帯のため，家事や家庭菜園の作業を行う場合又は留守番等を行い小遣いを得た場合

　　(イ)　PTA・子供会の役員，社会福祉活動，ボランティア活動等のように無給の奉仕活動に従事している場合

　　　　また，窃盗，恐喝，とばく，売春，密輸等の違法行為及び公序良俗に反する行為並びに受刑者の行う仕事は，いずれも職業とはみなさない。

　　(エ)　アからウまでに定めるもののほか，この職業分類において使用する用語は，統計法 (平成19年法律第

155

53号）において使用する用語の例による。

(2) 職業分類の適用原則及び分類項目の設定原則

職業分類は，仕事を分類すると同時に人に対してその仕事を通じて適用し，職業別の統計を表示するために用いられるものである（注1）。

（注1）分類項目は，人に対して適用するため，従事者など人を表す表現を用いる。

この職業分類の分類項目は，事業所の産業分類，個人の就業形態及び仕事の期間や継続性とは独立に設けられる（注2）。

（注2）産業と職業の内容が密接であると考えられる農林水産業については，この限りではない。

また，分類項目は，仕事の内容の類似性，仕事に従事する人数等によりその仕事が社会的にどの程度一つの職業として確立しているかを考慮して定める。この考慮すべき仕事の内容の類似性は，次のとおりとする。

ア 仕事の遂行に必要とされる知識又は技能

イ 事業所又はその他の組織の中で果たす役割

ウ 生産される財・サービスの種類

エ 使用する道具，機械器具又は設備の種類

オ 仕事に従事する場所及び環境

カ 仕事に必要とされる資格又は免許の種類

(3) 職業分類の分類表の構成及び分類符号の表記

ア 分類表の構成

職業分類の分類表の構成は，大分類

(12)，中分類（74）及び小分類（329）の三段階分類とする。ただし，1つの中分類に設ける小分類の数は九個までとする。

大分類の分類項目の名称並びに中分類及び小分類の数は，次の表のとおりとする。

| 大 分 類 | 中分類 | 小分類 |
|---|---|---|
| A ― 管理的職業従事者 | 4 | 10 |
| B ― 専門的・技術的職業従事者 | 20 | 91 |
| C ― 事務従事者 | 7 | 26 |
| D ― 販売従事者 | 3 | 19 |
| E ― サービス職業従事者 | 8 | 32 |
| F ― 保安職業従事者 | 3 | 11 |
| G ― 農林漁業従事者 | 3 | 12 |
| H ― 生産工程従事者 | 11 | 69 |
| I ― 輸送・機械運転従事者 | 5 | 22 |
| J ― 建設・採掘従事者 | 5 | 22 |
| K ― 運搬・清掃・包装等従事者 | 4 | 14 |
| L ― 分類不能の職業 | 1 | 1 |
| （計）12 | 74 | 329 |

イ 分類符号の表記

職業分類の分類符号の表記は，次のとおりとする。

㈠ 大分類符号は，アルファベット大文字で表記する。

㈡ 中分類符号は，大分類符号がAの大分類から始まる二けた数字の一連の通し番号で表記する（ただし，大分類L―分類不能の職業を除く）。

㈢ 小分類符号は，三けたの数字で表記し，その上位二けたまでは中分類符号を表す。

㈣ 小分類符号のうち上から三けた目の数字は，1から9までの数字による十進法に準じた表記とし，その数字が9のものは，その項目が他に分

類されない雑分類項目であることを
表す。

(4) 職業の決定方法

職業の決定方法は，以下の判断基準に
よるものとする。

ア　仕事が単一の分類項目に該当する場
合

個人が単一の分類項目に該当する仕
事に従事している場合は，その仕事に
より職業を決定する。

イ　仕事が複数の分類項目に該当する場
合

複数の分類項目に該当する仕事に従
事している個人を，1つの分類項目に
決定する場合は，次の原則により行う。

(ア)　2つ以上の勤務先で，異なる分類
項目に該当する2つ以上の仕事に従
事している場合

a　報酬の最も多い分類項目による
（注3）。

b　aにより難い場合は，就業時間
の最も長い分類項目による（注3）。

c　a及びbにより難い場合は，調
査時点の直近に従事した仕事によ
る。

(イ)　1つの勤務先で2つ以上の分類項
目に該当する仕事に従事している場
合（注4）

a　就業時間の最も長い分類項目に
よる（注3）。ただし，大学にお
ける研究者，医師及び歯科医師に
ついては，研究，診療等の仕事を
行っている場合でも，教育活動を
行っている限り，大学教員として
位置付ける。

（注3）報酬又は就業時間により
1つの分類項目に決定する

場合は，報酬又は就業時間
を仕事の内容に応じて大分
類毎に集計し，その合計が
最多又は最長となる大分類
を選択する。次に，当該大
分類の中で同様の基準によ
り中分類及び小分類を決定
する。

（注4）経営・管理以外の仕事に
も直接従事する事業主，店
長，支配人及び管理職員に
ついては，経営・管理の仕
事も行っている場合は，2
つ以上の分類項目に該当す
る。

b　aにより難い場合は以下による。

(a)　2つ以上の大分類項目にまた
がる場合

財・サービスの生産に直接か
かわる職業を優先するという観
点から，次の大分類項目の順位
による（注5）。ただし，大分
類符号がEからKまでの大分
類は，財・サービスの生産に直
接かかわるものであり，これら
の大分類間の優先順位はないも
のとする。

E － サービス職業従事者

F － 保安職業従事者

G － 農林漁業従事者

H － 生産工程従事者

J － 建設・採掘従事者

K － 運搬・清掃・包装等従事者

I － 輸送・機械運転従事者

B － 専門的・技術的職業従事者

157

D — 販売従事者

A — 管理的職業従事者

C — 事務従事者

（注5）大分類符号がＩからＣ
までの大分類の職業は，
大分類符号がＥからＫ
までの大分類の職業が行
う財・サービスの生産活
動を管理・支援し，又は
生産された財を流通させ
る仕事と考える。

(b) 1つの大分類内又は中分類内
の複数の分類項目に該当する場
合

① 該当する複数の分類項目
が，生産工程における組立て
及び検査又は飲食物の提供に
おける調理及び給仕のよう
に，1つの財・サービスを生
産する過程における異なる段
階である場合は，主要な段階
又は最終の段階に該当する分
類項目による。

② ①により難い場合は，該当
する複数の分類項目の中で，
十分な業務遂行のために必要
となる経験年数，研修期間等
が最も長い分類項目による。

ウ 資格及び見習い等の取扱い

(ア) 公的資格又はこれに準じた資格を
要件とする仕事については，原則と
して，当該資格の名称をもって分類
項目としていることから，有資格者
のみを当該分類項目に該当するもの
とする。ただし，会計士補は小分類
181 公認会計士に分類する。こう

した仕事に関する無資格の見習い，
助手，補助者等は，有資格の本務者
と同じ内容の仕事はできず，異なる
仕事を行っているものとみなし，有
資格の本務者とは別の仕事の内容に
即した分類項目に決定する。

(イ) 公的資格又はこれに準じた資格を
要件としない仕事であって無資格の
見習い，助手，補助者等が行う仕事
については，その内容が本務者のも
のと類似している場合には本務者と
同一の分類項目に決定し，その内容
が本務者のものと異なる場合には，
その内容に即した分類項目に決定す
る。

エ その他の特殊な取扱い

(ア) 職場のリーダーの取扱い

それぞれの職業の一般従事者と同
じ仕事に従事する傍ら管理的な性質
の仕事にも従事している職場のリー
ダー，スーパーバイザー，責任者等
の仕事は，当該一般従事者の仕事に
応じて決定する。ただし，2 (4)イ(イ)
の基準に照らして大分類 A—管理
的職業従事者又は大分類 B—専門
的・技術的職業従事者に該当するも
のは，それぞれの大分類における分
類項目に決定する。

(イ) 保安職業従事者の特例

自衛官，警察官，海上保安官又は
消防員として任用されている者は，
仕事の内容のいかんにかかわらず，
それぞれ分類項目の自衛官，警察官，
海上保安官又は消防員に該当するも
のとする。

(ウ) 専門的・技術的職業従事者の特例
研究所長，病院長，診療所長，歯

科診療所長，歯科医院長，裁判所長，検事総長，検事長，検事正，公正取引委員会審査長，海難審判所審判長，特許庁審判長及び校長は，仕事の内容のいかんにかかわらず，大分類B―専門的・技術的職業従事者に該当するものとする。

## 3 日本標準職業分類の適用に当たって留意すべき事項

(1) この職業分類は，統計調査により作成する公的統計については，この告示の施行の日以後に実施する統計調査に係るものに適用する。また，統計調査以外の方法により作成する公的統計については，同日以後に作成を開始する統計に係るものに適用する。ただし，この職業分類によることができないやむを得ない理由があるときは，この職業分類と異なる分類を使用することができる。この場合においては，当該使用した分類を明示するものとする。

(2) 職業分類は，事業所の産業分類，個人の就業形態及び仕事の期間や継続性とは独立したものであるため，統計調査等ごとに仕事の対象期間・時点や継続性を指定した上で，利用する必要がある。

(3) 職業分類の適用に当たっては，統計の作成目的等に応じて，分類表の一部の分類項目のみを使用することのほか，以下に示す一定の範囲で，細分類項目を設定すること，分類項目の集約又は分割を行うことができる。

　ア　小分類項目の下に細分類項目を設定することができる。ただし，この場合，小分類項目と細分類項目の間の整合性を確保する必要がある。

　イ　中分類項目に関して，当該項目に含まれる小分類項目の単位で分割し，分割前の当該項目が属していた大分類項目内に新たな中分類項目を新設すること，及び同一大分類項目内の複数の中分類項目を集約して，当該大分類項目内に新たな中分類項目を新設することができる。

　ウ　小分類項目に関して，当該項目を任意の単位で分割し，分割前の当該項目が属していた中分類項目内に新たな小分類項目を新設すること，及び同一中分類項目内の複数の小分類項目を集約して，当該中分類項目内に新たな小分類項目を新設することができる。

　エ　イ及びウにより分類項目を分割又は集約する場合，分割することによって新設した分類項目を他の分類項目と集約すること，又は集約することによって新設した分類項目を分割することは，職業分類の体系性を損なうおそれがあることから，これらを行う場合は，職業分類を適用するものとはみなさない。

## 4　分類表

**大分類　A――管理的職業従事者**

　中分類　01―管理的公務員

　小分類

　番　号

　　011　議会議員

　　012　管理的国家公務員

　　013　管理的地方公務員

　中分類　02―法人・団体役員

　小分類

　番　号

　　021　会社役員

022 独立行政法人等役員
029 その他の法人・団体役員
中分類 03—法人・団体管理職員
小分類
番 号
031 会社管理職員
032 独立行政法人等管理職員
039 その他の法人・団体管理職員
中分類 04—その他の管理的職業従事者
小分類
番 号
049 その他の管理的職業従事者
**大分類 B——専門的・技術的職業従事者**
中分類 05—研究者
小分類
番 号
051 自然科学系研究者
052 人文・社会科学系等研究者
中分類 06—農林水産技術者
小分類
番 号
061 農林水産技術者
中分類 07—製造技術者（開発）
小分類
番 号
071 食品技術者（開発）
072 電気・電子・電気通信技術者（通信ネットワーク技術者を除く）（開発）
073 機械技術者（開発）
074 自動車技術者（開発）
075 輸送用機器技術者（自動車を除く）（開発）
076 金属技術者（開発）
077 化学技術者（開発）
079 その他の製造技術者（開発）
中分類 08—製造技術者（開発を除く）
小分類
番 号

番 号
081 食品技術者（開発を除く）
082 電気・電子・電気通信技術者（通信ネットワーク技術者を除く）（開発を除く）
083 機械技術者（開発を除く）
084 自動車技術者（開発を除く）
085 輸送用機器技術者（自動車を除く）（開発を除く）
086 金属技術者（開発を除く）
087 化学技術者（開発を除く）
089 その他の製造技術者（開発を除く）
中分類 09—建築・土木・測量技術者
小分類
番 号
091 建築技術者
092 土木技術者
093 測量技術者
中分類 10—情報処理・通信技術者
小分類
番 号
101 システムコンサルタント
102 システム設計者
103 情報処理プロジェクトマネージャ
104 ソフトウェア作成者
105 システム運用管理者
106 通信ネットワーク技術者
109 その他の情報処理・通信技術者
中分類 11—その他の技術者
小分類
番 号
119 その他の技術者
中分類 12—医師, 歯科医師, 獣医師, 薬剤師
小分類
番 号
121 医師

122　歯科医師
123　獣医師
124　薬剤師
中分類　13―保健師，助産師，看護師
小分類
番　号
131　保健師
132　助産師
133　看護師（准看護師を含む）
中分類　14―医療技術者
小分類
番　号
141　診療放射線技師
142　臨床工学技士
143　臨床検査技師
144　理学療法士，作業療法士
145　視能訓練士，言語聴覚士
146　歯科衛生士
147　歯科技工士
中分類　15―その他の保健医療従事者
小分類
番　号
151　栄養士
152　あん摩マッサージ指圧師，はり師，
　　　きゅう師，柔道整復師
159　他に分類されない保健医療従事者
中分類　16―社会福祉専門職業従事者
小分類
番　号
161　他に分類されない保健医療従事者
162　福祉施設指導専門員
163　保育士
169　その他の社会福祉専門職業従事者
中分類　17―法務従事者
小分類
番　号
171　裁判官

172　検察官
173　弁護士
174　弁理士
175　司法書士
179　その他の法務従事者
中分類　18―経営・金融・保険専門職業
　　　従事者
小分類
番　号
181　公認会計士
182　税理士
183　社会保険労務士
184　金融・保険専門職業従事者
189　その他の経営・金融・保険専門職
　　　業従事者
中分類　19―教員
小分類
番　号
191　幼稚園教員
192　小学校教員
193　中学校教員
194　高等学校教員
195　中等教育学校教員
196　特別支援学校教員
197　高等専門学校教員
198　大学教員
199　その他の教員
中分類　20―宗教家
小分類
番　号
201　宗教家
中分類　21―著述家，記者，編集者
小分類
番　号
211　著述家
212　記者，編集者
中分類　22―美術家，デザイナー，写真

家，映像撮影者

小分類
番　号
221　彫刻家
222　画家，書家
223　工芸美術家
224　デザイナー
225　写真家，映像撮影者
　中分類　23—音楽家，舞台芸術家
小分類
番　号
231　音楽家
232　舞踊家
233　俳優
234　演出家
235　演芸家
　中分類　24—その他の専門的職業従事者
小分類
番　号
241　図書館司書
242　学芸員
243　カウンセラー（医療・福祉施設を
　　　除く）
244　個人教師
245　職業スポーツ従事者
246　通信機器操作従事者
249　他に分類されない専門的職業従事
　　　者
**大分類　C——事務従事者**
　中分類　25—一般事務従事者
小分類
番　号
251　庶務事務員
252　人事事務員
253　企画事務員
254　受付・案内事務員
255　秘書

256　電話応接事務員
257　総合事務員
259　その他の一般事務従事者
　中分類　26—会計事務従事者
小分類
番　号
261　現金出納事務員
262　預・貯金窓口事務員
263　経理事務員
269　その他の会計事務従事者
　中分類　27—生産関連事務従事者
小分類
番　号
271　生産現場事務員
272　出荷・受荷事務員
　中分類　28—営業・販売事務従事者
小分類
番　号
281　営業・販売事務員
289　その他の営業・販売事務従事者
　中分類　29—外勤事務従事者
小分類
番　号
291　集金人
292　調査員
299　その他の外勤事務従事者
　中分類　30—運輸・郵便事務従事者
小分類
番　号
301　旅客・貨物係事務員
302　運行管理事務員
303　郵便事務員
　中分類　31—事務用機器操作員
小分類
番　号
311　パーソナルコンピュータ操作員
312　データ・エントリー装置操作員

巻末資料

313 電子計算機オペレーター（パーソ
ナルコンピュータを除く）
319 その他の事務用機器操作員

**大分類　D──販売従事者**
中分類　32─商品販売従事者
小分類
番　号
321 小売店主・店長
322 卸売店主・店長
323 販売店員
324 商品訪問・移動販売従事者
325 再生資源回収・卸売従事者
326 商品仕入外交員
中分類　33─販売類似職業従事者
小分類
番　号
331 不動産仲介・売買人
332 保険代理・仲立人（ブローカー）
333 有価証券売買・仲立人，金融仲立
人
334 質屋店主・店員
339 その他の販売類似職業従事者
中分類　34─営業職業従事者
小分類
番　号
341 食料品営業職業従事者
342 化学品営業職業従事者
343 医薬品営業職業従事者
344 機械器具営業職業従事者（通信機
械器具を除く）
345 通信・システム営業職業従事者
346 金融・保険営業職業従事者
347 不動産営業職業従事者
349 その他の営業職業従事者

**大分類　E──サービス職業従事者**
中分類　35─家庭生活支援サービス職業
従事者

小分類
番　号
351 家政婦（夫），家事手伝い
359 その他の家庭生活支援サービス職
業従事者
中分類　36─介護サービス職業従事者
小分類
番　号
361 介護職員（医療・福祉施設等）
362 訪問介護従事者
中分類　37─保健医療サービス職業従事
者
小分類
番　号
371 看護助手
372 歯科助手
379 その他の保健医療サービス職業従
事者
中分類　38─生活衛生サービス職業従事
者
小分類
番　号
381 理容師
382 美容師
383 美容サービス従事者（美容師を除く）
384 浴場従事者
385 クリーニング職
386 洗張職
中分類　39─飲食物調理従事者
小分類
番　号
391 調理人
392 バーテンダー
中分類　40─接客・給仕職業従事者
小分類
番　号
401 飲食店主・店長

163

402 旅館主・支配人

403 飲食物給仕従事者

404 身の回り世話従事者

405 接客社交従事者

406 芸者，ダンサー

407 娯楽場等接客員

中分類　41—居住施設・ビル等管理人

小分類

番　号

411 マンション・アパート・下宿管理人

412 寄宿舎・寮管理人

413 ビル管理人

414 駐車場管理人

中分類　42—その他のサービス職業従事者

小分類

番　号

421 旅行・観光案内人

422 物品一時預り人

423 物品賃貸人

424 広告宣伝員

425 葬儀師，火葬作業員

429 他に分類されないサービス職業従事者

## 大分類　F——保安職業従事者

中分類　43—自衛官

小分類

番　号

431 陸上自衛官

432 海上自衛官

433 航空自衛官

434 防衛大学校・防衛医科大学校学生

中分類　44—司法警察職員

小分類

番　号

441 警察官

442 海上保安官

449 その他の司法警察職員

中分類　45—その他の保安職業従事者

小分類

番　号

451 看守

452 消防員

453 警備員

459 他に分類されない保安職業従事者

## 大分類　G——農林漁業従事者

中分類　46—農業従事者

小分類

番　号

461 農耕従事者

462 養畜従事者

463 植木職，造園師

469 その他の農業従事者

中分類　47—林業従事者

小分類

番　号

471 育林従事者

472 伐木・造材・集材従事者

479 その他の林業従事者

中分類　48—漁業従事者

小分類

番　号

481 漁労従事者

482 船長・航海士・機関長・機関士（漁労船）

483 海藻・貝採取従事者

484 水産養殖従事者

489 その他の漁業従事者

## 大分類　H——生産工程従事者

中分類　49—生産設備制御・監視従事者（金属製品）

小分類

番　号

巻末資料

491 製銑・製鋼・非鉄金属製錬設備制御・監視員
492 鋳物製造・鍛造設備制御・監視員
493 金属工作設備制御・監視員
494 金属プレス設備制御・監視員
495 鉄工・製缶設備制御・監視員
496 板金設備制御・監視員
497 金属彫刻・表面処理設備制御・監視員
498 金属溶接・溶断設備制御・監視員
499 その他の生産設備制御・監視従事者（金属製品）
中分類　50―生産設備制御・監視従事者（金属製品を除く）

小分類
番　号
501 化学製品生産設備制御・監視員
502 窯業・土石製品生産設備制御・監視員
503 食料品生産設備制御・監視員
504 飲料・たばこ生産設備制御・監視員
505 紡織・衣服・繊維製品生産設備制御・監視員
506 木・紙製品生産設備制御・監視員
507 印刷・製本設備制御・監視員
508 ゴム・プラスチック製品生産設備制御・監視員
509 その他の生産設備制御・監視従事者（金属製品を除く）
中分類　51―機械組立設備制御・監視従事者

小分類
番　号
511 はん用・生産用・業務用機械器具組立設備制御・監視員
512 電気機械器具組立設備制御・監視員

513 自動車組立設備制御・監視員
514 輸送機械組立設備制御・監視員（自動車を除く）
515 計量計測機器・光学機械器具組立設備制御・監視員
中分類　52―製品製造・加工処理従事者（金属製品）

小分類
番　号
521 製銑・製鋼・非鉄金属製錬従事者
522 鋳物製造・鍛造従事者
523 金属工作機械作業従事者
524 金属プレス従事者
525 鉄工，製缶従事者
526 板金従事者
527 金属彫刻・表面処理従事者
528 金属溶接・溶断従事者
529 その他の製品製造・加工処理従事者（金属製品）
中分類　53―製品製造・加工処理従事者（金属製品を除く）

小分類
番　号
531 化学製品製造従事者
532 窯業・土石製品製造従事者
533 食料品製造従事者
534 飲料・たばこ製造従事者
535 紡織・衣服・繊維製品製造従事者
536 木・紙製品製造従事者
537 印刷・製本従事者
538 ゴム・プラスチック製品製造従事者
539 その他の製品製造・加工処理従事者（金属製品を除く）
中分類　54―機械組立従事者

小分類

165

番　号

541　はん用・生産用・業務用機械器具
　　　組立従事者

542　電気機械器具組立従事者

543　自動車組立従事者

544　輸送機械組立従事者(自動車を除く)

545　計量計測機器・光学機械器具組立
　　　従事者

中分類　55—機械整備・修理従事者

小分類

番　号

551　はん用・生産用・業務用機械器具
　　　整備・修理従事者

552　電気機械器具整備・修理従事者

553　自動車整備・修理従事者

554　輸送機械整備・修理従事者(自動
　　　車を除く)

555　計量計測機器・光学機械器具整備・
　　　修理従事者

中分類　56—製品検査従事者(金属製品)

小分類

番　号

561　金属材料検査従事者

562　金属加工・溶接・溶断検査従事者

中分類　57—製品検査従事者(金属製品
　　　を除く)

小分類

番　号

571　化学製品検査従事者

572　窯業・土石製品検査従事者

573　食料品検査従事者

574　飲料・たばこ検査従事者

575　紡織・衣服・繊維製品検査従事者

576　木・紙製品検査従事者

577　印刷・製本検査従事者

578　ゴム・プラスチック製品検査従事
　　　者

579　その他の製品検査従事者(金属製
　　　品を除く)

中分類　58—機械検査従事者

小分類

番　号

581　はん用・生産用・業務用機械器具
　　　検査従事者

582　電気機械器具検査従事者

583　自動車検査従事者

584　輸送機械検査従事者〔自動車を除く〕

585　計量計測機器・光学機械器具検査
　　　従事者

中分類　59—生産関連・生産類似作業従
　　　事者

小分類

番　号

591　生産関連作業従事者

592　生産類似作業従事者

**大分類　I——輸送・機械運転従事者**

中分類　60—鉄道運転従事者

小分類

番　号

601　電車運転士

609　その他の鉄道運転従事者

中分類　61—自動車運転従事者

小分類

番　号

611　バス運転者

612　乗用自動車運転者

613　貨物自動車運転者

619　その他の自動車運転従事者

中分類　62—船舶・航空機運転従事者

小分類

番　号

621　船長(漁労船を除く)

622　航海士・運航士(漁労船を除く),
　　　水先人

巻末資料

623　船舶機関長・機関士（漁労船を除く）

624　航空機操縦士

中分類　63—その他の輸送従事者

小分類

番　号

631　車掌

632　鉄道輸送関連業務従事者

633　甲板員，船舶技士

634　船舶機関員

639　他に分類されない輸送従事者

中分類　64—定置・建設機械運転従事者

小分類

番　号

641　発電員，変電員

642　ボイラー・オペレーター

643　クレーン・ウインチ運転従事者

644　ポンプ・ブロワー・コンプレッサー
　　　運転従事者

645　建設・さく井機械運転従事者

646　採油・天然ガス採取機械運転従事
　　　者

649　その他の定置・建設機械運転従事
　　　者

**大分類　J——建設・採掘従事者**

中分類　65—建設躯体工事従事者

小分類

番　号

651　型枠大工

652　とび職

653　鉄筋作業従事者

中分類　66—建設従事者（建設躯体工事
　　　従事者を除く）

小分類

番　号

661　大工

662　ブロック積・タイル張従事者

663　屋根ふき従事者

664　左官

665　畳職

666　配管従事者

669　その他の建設従事者

中分類　67—電気工事従事者

小分類

番　号

671　送電線架線・敷設従事者

672　配電線架線・敷設従事者

673　通信線架線・敷設従事者

674　電気通信設備工事従事者

679　その他の電気工事従事者

中分類　68—土木作業従事者

小分類

番　号

681　土木従事者

682　鉄道線路工事従事者

683　ダム・トンネル掘削従事者

中分類　69—採掘従事者

小分類

番　号

691　採鉱員

692　石切出従事者

693　砂利・砂・粘土採取従事者

699　その他の採掘従事者

**大分類　K——運搬・清掃・包装等従事者**

中分類　70—運搬従事者

小分類

番　号

701　郵便・電報外務員

702　船内・沿岸荷役従事者

703　陸上荷役・運搬従事者

704　倉庫作業従事者

705　配達員

706　荷造従事者

中分類　71—清掃従事者

小分類

番　号
711　ビル・建物清掃員
712　ハウスクリーニング職
713　道路・公園清掃員
714　ごみ・し尿処理従事者
715　産業廃棄物処理従事者
719　その他の清掃従事者
中分類　72—包装従事者
小分類
番　号
721　包装従事者

中分類　73—その他の運搬・清掃・包装
　　等従事者
小分類
番　号
739　その他の運搬・清掃・包装等従事
　　者

**大分類　L——分類不能の職業**
中分類　99—分類不能の職業
小分類
番　号
999　分類不能の職業

# 索　引

＊［米］はアメリカ合衆国，［英］はイギリス，［独］はドイツ，
　［仏］はフランス，［中国］は中華人民共和国を示している。

## あ 行

アクティブラーニング ································ 96
アドバンスド・プレイスメント［米］ ········ 137
移行学習（transition learning）··············· 122
意思決定学習（decision learning）············ 122
インターンシップ→就業体験
VPI職業興味検査 ································· 52
エクステンション機能 ························· 108
エンプロイアビリティ ························· 108
落ちこぼし防止法（No Child Left Behind
　Act）［米］ ··································· 131

## か 行

解雇権留保付採用 ····························· 109
カブリロ・ハイスクール［米］ ············· 139
官僚制（Bureaucracy）······················· 18
関連付けられた学習（Linked Learning）［米］
　 ················································ 138
機会認識（opportunity awareness）··········· 122
技術リセ［仏］ ······························· 126
貴族社会（Aristocracy）······················· 78
義務教育学校 ································· 60
ギムナジウム［独］ ························· 127
キャリア・パスウェイ［米］ ········· 136, 140
キャリア
　——ガイダンス ··························· 132
　——開発（Career Development）··········· 23
　——カウンセリング ····················· 120
　——教育 ····························· 30, 91
　——コンサルタント ····················· 100
　——支援 ································· 78
　——設計能力 ····························· 91

——プランニング ··························· 147
求人票 ······································· 80
教科「徳育」［中国］ ························· 144
狭義の職業教育 ····························· 24
業績主義（Meritocracy）····················· 78
勤労観 ······································· 34
組立加工型産業 ······························· 8
軽薄短小型産業 ······························· 8
契約雇用 ····································· 10
健康保険 ····································· 112
広義の職業教育 ····························· 24
工業高校 ····································· 75
公共職業安定所（ハローワーク） ············· 37
高度成長期 ···································· 6
国際労働機関（ILO） ························· 28
国民年金 ····································· 113
コネクションズサービス［英］ ··············· 125
コミュニティ・カレッジ［米］ ········· 131, 134
雇用形態の三極化 ····························· 9
雇用保険 ····································· 111
コレージュ（中学校）［仏］ ··················· 126

## さ 行

産業教育 ·································· 25, 26
産業教育振興法 ····························· 25
自己概念 ····································· 29
自己認識（self-awareness）··················· 122
自己理解 ····································· 29
実業教育 ····································· 26
実業補習学校 ······························· 26
就業体験（インターンシップ）········· 68, 92, 148
重厚長大型産業 ······························· 7
終身雇用 ······································· 9

169

職　業 …………………………………… 1
　──観 ……………………………………… 34
　──興味検査（レディネステスト）………… 51
　──資格 ………………………………… 119
　──指導（Vocational Guidance）
　　………………………… 23，28，35，39
　──相談 ………………………………… 39
　──的自立 ……………………… 31，35，61
　──適性 …………………………… 43，48
　──適性検査 …………………………… 48
職業安定法 ……………………………… 57
職業的（キャリア）発達理論 ……………… 44
職業適合性理論 …………………… 45，47
ジョブカフェ …………………………… 100
人工知能 ………………………………… 12
進路指導 ………………………………… 30
進路相談（キャリアカウンセリング）………… 40
進路保障 ………………………………… 78
スーパー（Super, D. E.）……………… 29
スクール・カウンセリング［米］…………… 133
スワール型 ……………………………… 132
成果雇用 ………………………………… 9
製造技術者 ……………………………… 16
先端工業 ………………………………… 15
専門学校（専修学校専門課程）………………… 82
専門高校 ………………………………… 24
専門職大学 ……………………………… 83

### た　行

第二新卒者 …………………………… 99，101
脱工業化社会 ……………………………… 9
団塊の世代 ……………………………… 15
知識集約型産業 …………………………… 6
知識集約型職業 ………………………… 15
定形型職業 ……………………………… 11
テクニシャン（熟練技能技術者）…………… 12
デュアルシステム［独］………………… 119
統一応募用紙 …………………………… 79
特性因子理論 …………………………… 43
徒弟学校 ………………………………… 26

### な　行

二重単位（dual credit）［米］…………… 129
日本標準職業分類 ………………………… 4
人間関係形成能力 ………………………… 68

### は　行

パーソンズ（Persons, F.）……………… 28
パートナーシップ・アカデミー［米］……… 142
パイプライン型 ………………………… 132
非正規雇用労働者 ………………………… 9
PBL（Problem Based Learning）………… 96
ブラック企業 …………………………… 106
ブルーカラー …………………………… 17
ホーソン工場実験 ………………………… 56
ボローニャ宣言 ………………………… 118

### ま　行

メーヨー（Mayo, E.）…………………… 56
メカトロニクス …………………………… 9
メンター（指導教員）…………………… 95

### や　行

ヨーロッパ資格枠組み（European
　Qualifications Framework）……………… 128

### ら　行

リアリティ・ショック …………………… 102
リカレント教育 …………………………… 94
離職率 …………………………………… 36
リスクグループ ………………………… 123
リセ［仏］……………………………… 126
労災保険（労働者災害補償保険）………… 111
労働基準監督署 ………………………… 114
労働者派遣法 …………………………… 10
労働集約型職業 ………………………… 13
労働条件通知書 ………………………… 110
労働省編職業分類 ………………………… 4
ロールモデル …………………………… 107

● 執筆者紹介 ●

（五十音順，＊は編著者）

＊伊藤　一雄（いとう　かずお）　　1章，2章Ⅰ〜Ⅲ，3章Ⅱ・Ⅲ，
　　　　　　　　　　　　　　　　　4章Ⅰ・Ⅲ−2.3，4章Ⅶ，巻末資料
　　関西福祉科学大学・高野山大学名誉教授

＊佐藤　史人（さとう　ふみと）　　4章Ⅱ・Ⅴ
　　和歌山大学教育学部教授（故人）

＊佐々木英一（ささき　えいいち）　5章Ⅰ
　　元追手門学院大学社会学部教授

　杉浦　　健（すぎうら　たけし）　2章Ⅳ，3章Ⅰ
　　近畿大学教職教育部教授

　鈴木　晴久（すずき　はるひさ）　4章Ⅲ−1
　　高野山大学教職課程センター教授

　瀧本　知加（たきもと　ちか）　　4章Ⅳ
　　京都府立大学公共政策学部准教授

　西　　美江（にし　みえ）　　　　5章Ⅱ
　　関西女子短期大学保育学科教授

　朴　　雪梅（ぼく　せつばい）　　5章Ⅲ
　　元大阪千代田短期大学非常勤講師

＊堀内　達夫（ほりうち　たつお）　5章Ⅲ，巻末資料
　　大阪市立大学名誉教授（故人）

　本庄麻美子（ほんじょう　まみこ）4章Ⅴ・Ⅵ
　　和歌山大学経済学部准教授

Horitsu Bunka Sha

## 新時代のキャリア教育と職業指導
――免許法改定に対応して

2018年9月1日　初版第1刷発行
2025年6月20日　初版第6刷発行

編著者　佐藤史人・伊藤一雄
　　　　佐々木英一・堀内達夫

発行者　畑　　　光

発行所　株式会社 法律文化社

〒603-8053 京都市北区上賀茂岩ヶ垣内町71
電話 075(791)7131　FAX 075(721)8400
customer.h@hou-bun.co.jp
https://www.hou-bun.com/

印刷：共同印刷工業㈱／製本：㈱吉田三誠堂製本所
装幀：谷本天志
ISBN 978-4-589-03953-8

©2018 F. Sato, K. Ito, E. Sasaki, T. Horiuchi
Printed in Japan

乱丁など不良本がありましたら、ご連絡下さい。送料小社負担にてお取り替えいたします。
本書についてのご意見・ご感想は、小社ウェブサイト、トップページの「読者カード」にてお聞かせ下さい。

JCOPY　〈出版者著作権管理機構 委託出版物〉
本書の無断複写は著作権法上での例外を除き禁じられています。複写される場合は、そのつど事前に、出版者著作権管理機構（電話 03-5244-5088、FAX 03-5244-5089、e-mail: info@jcopy.or.jp）の許諾を得て下さい。

堀内達夫・佐々木英一・伊藤一雄・佐藤史人編

# 日本と世界の職業教育

A5判・192頁・2970円

学校から仕事への移行が円滑に進まない若者の就労問題が社会的に議論されている。関西を中心に職業教育の具体的取組みを紹介するとともに，海外の同種の職業教育機関との比較を通じて専門的な領域まで踏み込んで論述する。

---

堀内達夫・佐々木英一・伊藤一雄編

# 新版 専門高校の国際比較
―日欧米の職業教育―

A5判・186頁・2530円

日本の技術・職業教育の現状と問題点を工業系学科・商業系学科を中心に考察し，独自の制度をもつ仏独米との比較分析を試みる。初版刊行以降の動向をふまえ，全面的に補訂。若者就業支援策も含め，総合的に課題を検討する。

---

ジョン・ハッティ・シャーリー・クラーク原著／原田信之監訳
宇都宮明子・冨士原紀絵・有馬実世・森 久佳訳

# 教育の効果：フィードバック編

A5判・274頁・3850円

フィードバックは，アクティブラーニングやパフォーマンス評価に続き，今後本格的に浸透していく教育技法である。本書は，その有効性を明らかにしたハッティの学習の可視化研究の最新書の邦訳。教育エビデンスに裏づけられた実践と技法の理解に大きく寄与する書。

---

ダニエル・A・ワグナー著／前田美子訳

# SDGs 時代の国際教育開発学
―ラーニング・アズ・ディベロップメント―

A5判・204頁・4180円

教育開発学の重鎮によって著された教育開発の体系的概説書の邦訳。「教育開発とは何か」「学びの根源的な課題は何か」など，広く世界を見渡し，歴史を踏まえ，エビデンスに基づき多角的・学際的な視点から解説。原著の骨格をなす章を抽出し日本語版とした。

---

今西幸蔵編

# 生徒指導・進路指導の理論と実践

A5判・150頁・2420円

2022年改訂の生徒指導提要を反映した最新の教科書。いじめ等深刻化する課題,関連法等の変化,チーム学校の考え方など今日的な状況をふまえ，生徒指導の概念や取組の方向性を整理し提示する。Ⅱ部では生き方の指導としてのキャリア教育を解説。

---

石塚正英監修／瀧津 伸・佐久間俊明・板倉孝信編著

# 高校教員のための「歴史総合」ハンドブック
―教科書比較から見えてきたもの―

A5判・212頁・2640円

2022年に始まった「歴史総合」は,日本史と世界史の近現代を融合する意義深い科目だが，高校現場では様々な波紋を広げている。そこで本書は，歴史総合の主要教科書5冊を28のキーコンセプトごとに比較・分析し，「論点課題」「現代との対話」「資料分析」を軸に論じる。

―法律文化社―

表示価格は消費税 10％を含んだ価格です